Adam Hamilton

24 HORAS QUE TRANSFORMARAM O MUNDO

Caminhe com Jesus em seu último dia de vida.
Sente-se ao lado dele na última ceia.
Ore com ele no Getsêmani.
Siga-o até a cruz.
Abandone-o.
Negue-o.

Experimente a Ressurreição.

EDITORA VIDA
Rua Isidro Tinoco, 70 Tatuapé
CEP 03316-010 São Paulo, SP
Tel.: 0 xx 11 2618 7000
Fax: 0 xx 11 2618 7030
www.editoravida.com.br

Editor responsável: Sônia Freire Lula Almeida
Editor-assistente: Gisele Romão da Cruz Santiago
Tradução: Eulália Pacheco Kregness
Revisão de tradução: Andrea Filatro
Revisão de provas: Josemar de Souza Pinto
Diagramação: Karine dos Santos Barbosa
Capa: Arte Peniel

©2009, de Adam Hamilton
Originalmente publicado nos EUA com o título
24 Hours That Changed the World
Copyright da edição brasileira ©2011, Editora Vida
Edição publicada com permissão de
ABINGDON PRESS NASHVILLE

■

Todos os direitos em língua portuguesa reservados por Editora Vida.

PROIBIDA A REPRODUÇÃO POR QUAISQUER MEIOS, SALVO EM BREVES CITAÇÕES, COM INDICAÇÃO DA FONTE.

Scripture quotations taken from *Bíblia Sagrada, Nova Versão Internacional, NVI* ® Copyright © 1993, 2000 by International Bible Society ®. Used by permission IBS-STL U.S. All rights reserved worldwide.
Edição publicada por Editora Vida, salvo indicação em contrário.

■

Todas as citações bíblicas e de terceiros foram adaptadas segundo o Acordo Ortográfico da Língua Portuguesa, assinado em 1990, em vigor desde janeiro de 2009.

1. edição: abril. 2011

Dados Internacionais de Catalogação na Publicação (CIP)
(Câmara Brasileira do Livro, SP, Brasil)

Hamilton, Adam
   24 horas que transformaram o mundo / Adam Hamilton; tradução Eulália Pacheco Kregness. — São Paulo: Editora Vida, 2011.

   Título original: *24 Hours That Changed the World*
   ISBN 978-85-383-0197-4

   1. Jesus Cristo - Biografia - Semana da Paixão 2. Jesus Cristo - Pessoa e missão I. Título.

11-00926   CDD-232.96

Índices para catálogo sistemático:
   1. Jesus Cristo: Paixão e morte: Cristologia 232.96

24 HORAS QUE TRANSFORMARAM O MUNDO

A minha mãe,
Glenda Elizabeth Miller,
cujo amor e incentivo são
bênçãos constantes em minha vida.

AGRADECIMENTOS

Sou grato aos membros da Igreja Metodista Unida da Ressurreição. Este livro teve início com uma série de mensagens à igreja. Esse pessoal é extraordinário, e sou abençoado por ser seu pastor.

Sue Thompson me assessora há mais de dez anos. As citações neste livro são um trabalho direto dela; no entanto, seu trabalho indireto é extenso demais para ser enumerado.

Agradeço de modo especial a Rob Simbeck pela revisão editorial e por transformar os manuscritos de meus sermões em capítulos deste livro. Seu trabalho foi inestimável.

Minha parceira, esposa e melhor amiga, LaVon Hamilton, tem moldado minha vida e fé. Analisamos juntos vários conceitos aqui apresentados, e ela inspirou a coleção das reflexões diárias que acompanham o livro. Meu pequeno grupo também foi de extrema ajuda na formação das reflexões.

Adam Hamilton

SUMÁRIO

Introdução — 11

1. A última ceia — 15

2. O jardim do Getsêmani — 31

3. Condenado pelos justos — 44

4. Jesus, Barrabás e Pilatos — 59

5. A tortura e humilhação do Rei — 76

6. A crucificação — 91

7. Cristo, o vitorioso — 110

INTRODUÇÃO

Acredita-se que Jesus morreu com 33 anos de idade após viver aproximadamente 12 mil dias. Os autores dos Evangelhos dedicaram a maior parte de seus escritos a apenas 1.100 desses dias, os três últimos anos de sua vida na terra; e o interesse primordial repousou em um dia particular — o da crucificação. Eles estavam convictos de que esse período de 24 horas transformou o mundo, e cada um dos Evangelhos flui nessa direção.

Começando na quinta-feira à noite e durante toda a sexta-feira, Jesus faria a última ceia com os discípulos; oraria no jardim do Getsêmani; seria traído e abandonado pelos amigos, condenado por blasfêmia pelos líderes religiosos, julgado e sentenciado por insurreição por Pôncio Pilatos, torturado por soldados romanos, terminando crucificado, morto e sepultado.

O apóstolo Paulo resumiu assim o evangelho aos cristãos de Corinto: "Pois decidi nada saber entre vocês, a não ser Jesus Cristo, e este, crucificado" (1Coríntios 2.2). O sofrimento, a morte e a ressurreição de Jesus Cristo representam o ápice do evangelho e a conclusão da obra redentora de Deus por meio de Jesus.

O objetivo deste livro é ajudar você a entender melhor os acontecimentos das últimas 24 horas da vida de Jesus, enxergar mais claramente o significado teológico do sofrimento e morte de Cristo e refletir sobre o que isso representa para sua vida. Para tanto, observaremos o cenário geográfico e histórico dos eventos daquele dia fatídico; faremos uma reflexão teológica sobre a morte de Jesus e, por último, tentaremos ver-nos na História, considerando quanto somos parecidos com Pilatos ou Pedro, Judas ou João.

Nosso ponto de partida é o relato de Marcos sobre as últimas horas da vida de Jesus (a maioria dos estudiosos acredita que esse foi o primeiro Evangelho a ser escrito), contudo estudaremos os outros Evangelhos[1] para complementar a narração de Marcos. Começaremos com a última ceia, ocorrida na quinta-feira à noite, e terminaremos com a crucificação de Cristo na tarde seguinte. No último capítulo, refletiremos sobre a ressurreição do Senhor.

Escrever este texto aprofundou minha fé e também meu amor e gratidão por Jesus Cristo. Minha oração é que a leitura deste livro produza o mesmo efeito em você.

Adam Hamilton

---

[1] Os quatro Evangelhos diferem em vários detalhes relacionados às últimas 24 horas da vida de Jesus. Além disso, os estudiosos interpretam de maneiras bem diferentes alguns desses acontecimentos. De modo geral, sigo a cronologia de Marcos e as interpretações tradicionais dos acontecimentos.

24 HORAS QUE TRANSFORMARAM O MUNDO

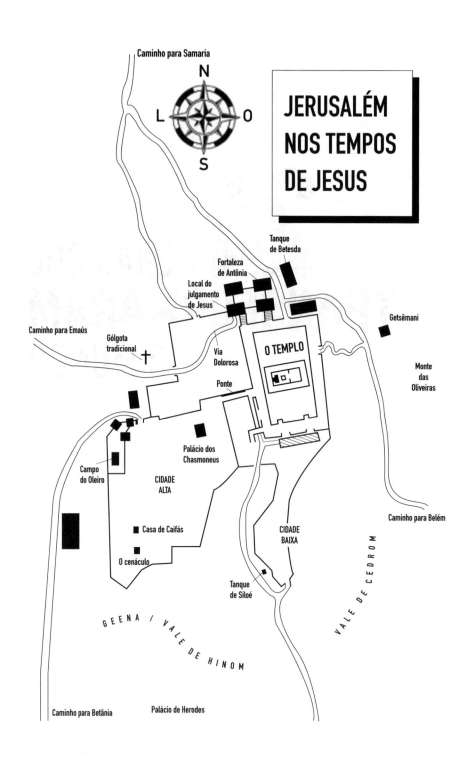

1 A ÚLTIMA CEIA

No primeiro dia da festa dos pães sem fermento, quando se costumava sacrificar o cordeiro pascal [...] Jesus tomou o pão, deu graças, partiu-o, e o deu aos discípulos, dizendo: "Tomem; isto é o meu corpo".
Em seguida tomou o cálice, deu graças, ofereceu-o aos discípulos, e todos beberam. E lhes disse: "Isto é o meu sangue da aliança, que é derramado em favor de muitos. Eu lhes afirmo que não beberei outra vez do fruto da videira, até aquele dia em que beberei o vinho novo no Reino de Deus" (Marcos 14.12,22-25).

QUINTA-FEIRA À NOITE
UM APOSENTO EM JERUSALÉM

Os discípulos ficaram confusos com o que Jesus disse. O *seder* da Páscoa deveria ser um momento de alegria e celebração, de relembrar como Deus libertou o seu povo da escravidão no Egito. Era uma referência à esperança de que Deus enviaria o Messias. Por isso a refeição tinha um significado especial para os discípulos; eles estavam convencidos de que Jesus era o Messias e de que nessa Páscoa em Jerusalém ele reivindicaria seu trono. Quatro dias antes as multidões haviam recebido Jesus na cidade com gritos de "Hosana!". Por que, então, ele falava no derramamento de seu sangue? O que tudo isso significava?

Raramente o destino de uma figura histórica mudou de forma tão rápida e dramática como a de Jesus em sua última semana de vida. No domingo, o Senhor havia entrado em Jerusalém caminhando sobre os ramos de palmeiras que as multidões espalharam pelo chão, convencidas de que ele era o Messias prometido. Contudo, na quinta-feira à noite, Jesus estava praticamente escondido, uma vez que os líderes religiosos tramavam sua morte com a ajuda de um discípulo que se tornara seu amigo íntimo durante seu ministério público.

Jesus, claro, sabia o que vinha pela frente. Ele havia prenunciado isso, embora os discípulos nunca tivessem entendido. Os acontecimentos das últimas 24 horas da vida de Jesus testariam as pessoas que lhe eram mais íntimas, e elas acabariam reprovadas.

Jesus chegou a Jerusalém após caminhar com seus discípulos aproximadamente 120 quilômetros desde os arredores do mar da Galileia, em que realizara a maior parte de seu ministério. Tinha ido a Jerusalém para celebrar a Páscoa, e tinha ido para morrer. Entrou na cidade vindo do monte das Oliveiras, montado em um jumentinho que os seguidores haviam coberto com seus mantos. As multidões o aclamaram:

> Hosana ao Filho de Davi!
> Bendito é o que vem
> em nome do Senhor!
> Hosana nas alturas! (Mateus 21.9)

Em resumo, estavam pedindo: "Salve-nos, Jesus. Liberte-nos".

Jesus deu uma volta pela cidade e, como já estava escurecendo, voltou para Betânia, no monte das Oliveiras, onde passaria a noite (Marcos 11.11).[1] No dia seguinte, retornou ao templo. Lá, no pátio dos gentios, no qual todos os estrangeiros eram convidados a orar, observou a compra e venda de bens numa espécie de feira livre; Jesus ficou visivelmente zangado e perguntou: "Não está escrito: 'A minha casa

---

[1] Este fato é mencionado apenas em Marcos (11.11). Nos evangelhos de Mateus e Lucas, Jesus entra logo no templo e derruba as mesas dos cambistas.

será chamada casa de oração para todos os povos'? Mas vocês fizeram dela um covil de ladrões" (Marcos 11.17). Ele derrubou as mesas dos cambistas e expulsou os vendedores (Mateus 21.12), enfurecendo os líderes religiosos que comandavam o templo.

Jesus voltou ao templo diariamente naquela semana; e, ao ensinar, promovia cada vez mais suas reformas religiosas, continuando a desafiar os mesmos líderes, ao declarar: "Ai de vocês, mestres da lei e fariseus hipócritas! Vocês são como sepulcros caiados; bonitos por fora, mas por dentro estão cheios de ossos e de todo tipo de imundície" (Mateus 23.27). Jesus os repreendeu por causa do orgulho espiritual, do coração endurecido e das regras religiosas que serviam apenas para afastar ainda mais os perdidos. É como se ele dissesse ao povo: "Façam o que os líderes religiosos mandam, mas não façam o que eles fazem, pois são iguais a cegos guiando outros cegos".

A cada desafio e acusação, Jesus enfurecia ainda mais os escribas, os fariseus e os saduceus. O estado de tensão aumentava cada vez que ele entrava no templo. Na quinta-feira, já era óbvio que os líderes religiosos da cidade tramavam sua morte.

PREPARAÇÃO DO *SEDER* DA PÁSCOA

Ao meio-dia de quinta-feira, Jesus chamou dois dos discípulos (Lucas afirma que eram Pedro e João [21.8]) e os mandou à cidade preparar a refeição da Páscoa, ou *seder*, que ele e os discípulos comeriam secretamente.

Jesus disse aos discípulos: "Entrem na cidade, e um homem carregando um pote de água virá ao encontro de vocês. Sigam-no" (Marcos 14.13). Carregar água era trabalho de mulher, portanto esse homem chamaria a atenção nas ruas movimentadas de Jerusalém. Alguns acreditam que Jesus viu de modo sobrenatural o que estava prestes a acontecer, enquanto outros acreditam que ele já havia combinado tudo com alguém. Seja como for, ele explicou aos discípulos:

"Digam ao dono da casa em que ele entrar: O Mestre pergunta: Onde é o meu salão de hóspedes, no qual poderei comer a Páscoa com meus discípulos?" (Marcos 14.14).

A propósito, uma casa assim pertenceria a alguém rico. Para hospedar Jesus e os discípulos, a pessoa estava arriscando dinheiro, posição e, talvez, a própria vida.

Tudo aconteceu conforme Jesus havia dito. Pedro e João prepararam o aposento — talvez o mesmo em que, no dia de Pentecoste, 120 discípulos se reuniriam e, cheios do Espírito Santo, falariam em outras línguas. Às 15 horas, Pedro e João levariam uma ovelha ao templo para o sacrifício, juntando-se às dezenas de milhares de pessoas que continuavam chegando durante o dia com o mesmo propósito. Enquanto o povo entoava salmos, a garganta da ovelha seria cortada; o sacerdote recolheria o sangue numa tigela e despejaria na base do altar. Outro sacerdote esquartejaria a ovelha. Pedro e João recolheriam a carne e voltariam para a cozinha do aposento, no qual a ovelha seria regada com óleo ou vinho e assada por três ou quatro horas. Lá pelas 19 horas, Jesus e os outros discípulos fariam a refeição com Pedro e João.

O *seder* da Páscoa é uma refeição que comemora o maior gesto salvador de Deus a favor de Israel, acontecimento descrito em Êxodo 3—13. Os israelitas eram escravos havia quatrocentos anos no Egito quando Deus chamou Moisés para libertá-los. Moisés exigiu que o faraó libertasse o povo, contudo o monarca egípcio se recusou a fazê-lo. Deus enviou uma série de pragas sobre o Egito, e mesmo assim o faraó não deixou o povo ir. Por fim, Deus disse a Moisés que faria mais uma coisa terrível no Egito; depois disso, o faraó não teria outra saída a não ser deixar o povo ir. Deus mataria o primogênito de todas as casas e também de todos os rebanhos da terra do Egito.

Naquela noite os israelitas deveriam sacrificar um cordeiro a Deus e passar o sangue do animal nos umbrais de suas casas. Quando o Anjo da Morte atravessasse a terra, ignoraria as casas marcadas com o sangue do cordeiro, poupando-lhes o primogênito. O cordeiro deveria ser cozido

A última ceia

e comido, providenciando aos israelitas uma refeição final, um último jantar no Egito, antes de serem libertados.

A morte realmente visitou a terra naquela noite, desde a habitação mais humilde até o palácio do faraó. Quando o dia amanheceu, o Egito estava mergulhado em sofrimento. Em meio à devastação, o faraó cedeu. Ordenou que os israelitas fossem embora do Egito. A preparação para a fuga foi tão rápida que não houve tempo de colocar fermento na massa do pão e esperar crescer. Assim, os israelitas levaram pão sem o fermentar.

A fuga dos israelitas deu início à memorável jornada através do deserto, uma caminhada de quarenta anos que iria transformar os israelitas em nação e levá-los à terra prometida. Daquele dia em diante, passaram a celebrar anualmente aquela Páscoa que fez parte do livramento da escravidão no Egito; e a refeição seria para sempre conhecida como "a festa dos pães sem fermento" (Êxodo 12.17). O capítulo 12 de Êxodo relata como Deus mandou os israelitas preparar a refeição — sacrificar e assar o cordeiro e comer o pão sem fermento e as ervas amargas como lembrança do dia em que eles foram levados da escravidão para a liberdade.

"É uma refeição carregada de ritual", explica a rabina Amy Katz, uma amiga com quem minha esposa (LaVon) e eu nos reunimos para o *seder* da Páscoa, "desde o alimento que você come até a maneira de você comer e como se senta para comê-lo". Eu e minha esposa tivemos a alegria de nos juntar à rabina Katz para um delicioso *seder* que incluía peito bovino, frango, legumes e sobremesas de dar água na boca. Ao longo da refeição havia uma explicação sobre os alimentos que simbolicamente recontam a história da libertação de Israel. Comemos ervas amargas — raiz-forte e salsa —, lembranças da amargura que os israelitas experimentaram quando eram escravos no Egito. As ervas eram mergulhadas em água com sal, o qual representa as lágrimas do povo. Comemos *harosset*, um purê de maçã cuja aparência lembra a argamassa que os israelitas usavam

19

para fabricar os tijolos usados nas construções do faraó. O ovo lembra o novo começo de Israel, assim como, na Páscoa, lembra aos cristãos o novo nascimento e a nova vida em Cristo. O *matsa* sem fermento[2] recorda a pressa com que os israelitas fugiram. A carne de cordeiro lembrava o animal sacrificado naquela primeira Páscoa; o sangue do cordeiro marcou os umbrais das casas dos israelitas, e, por isso, a morte "passou adiante".[3] Por último, bebemos de quatro taças pequenas de vinho como lembrança das promessas de que Deus libertaria os israelitas (v. Êxodo 6.6,7).

Começamos às 19 horas e terminamos perto da meia-noite. Sem dúvida, foi uma refeição parecida com o *seder* que Jesus e seus discípulos fizeram juntos. Os mesmos ingredientes — o vinho, o pão sem fermento, as ervas amargas — estavam na mesa daquele aposento. Contudo, no caso de Jesus, a comida saborosa, as amizades profundas e a história da libertação divina de Israel foram obscurecidas pelo aperto em seu coração. O Mestre sabia, mas os discípulos ignoravam, que aquela era a última ocasião em que participava da refeição com eles.

A refeição que fizemos com a rabina Katz me ajudou a entender, entre outras coisas, por que os discípulos, fartos de alimento e vinho tão tarde da noite, caíram de sono no jardim do Getsêmani enquanto Jesus orava e pedia que vigiassem com ele.

O jantar também me instigou a examinar mais cuidadosamente as descrições que os Evangelhos fazem da última ceia. João oferece muitos detalhes, dando-nos o relato mais completo do que Jesus disse naquela noite. É interessante notar que João é o único dos Evangelhos a ver a última ceia como um *seder* "pré-Páscoa". Ele apresenta Jesus sofrendo na cruz exatamente na hora em que os cordeiros da Páscoa estavam sendo sacrificados (19.14) — imagem poderosa que leva o evangelista a uma conclusão teológica.

---

[2] Um tipo de bolacha de água e sal. [N. do T.]

[3] Aqui o autor faz um jogo de palavras. Em inglês Páscoa é *Passover*, e a frase verbal *pass over* significa "passar sobre", "passar adiante", "passar por cima". No Egito a morte iria *"pass over"* as casas com sangue nos umbrais. [N. do T.]

A última ceia

Muito esforço já foi empregado para harmonizar as duas cronologias diferentes; deixarei o leitor examinar isso por conta própria. O evangelho de João não afirma que Jesus disse aos discípulos: "Façam isso em memória de mim". João não descreve o pão e o vinho, mas dedica cinco capítulos ao que Jesus ensinou e orou naquela noite durante o jantar. Os capítulos 13—17 do evangelho de João contêm alguns dos versículos mais amados da Bíblia e retratam Jesus ensinando pelo exemplo, como quando lavou os pés dos discípulos, mostrando-lhes que no Reino de Deus a grandeza se encontra no serviço ao próximo.

TRAIÇÃO E ARREPENDIMENTO: FAZENDO UM AUTOEXAME

A Páscoa deve ser um tempo de festa e celebração, cheio de alegria, porque lembra que os escravos ficaram livres, tornando-se finalmente um povo, o povo de Deus. Se na verdade a última ceia começou nesse tom, a coisa mudou no decorrer da noite. Além do conhecimento de Jesus sobre os eventos, o clima na sala era de apreensão. Todos estavam cientes da enorme tensão entre Jesus e os líderes religiosos. Os discípulos se perguntavam o que iria acontecer a Jesus — e a eles. Haveria retaliação contra seus atos no templo? Será que ele finalmente se proclamaria o Messias?

Jesus dilacerou todas as conjecturas com uma afirmação tão eletrizante que continua ecoando através dos séculos. "Um de vocês me trairá" (Marcos 14.18), ele disse fitando os discípulos no silêncio repentino que tomou conta da celebração.

Jesus sabia quem faria isso, mas não revelou. "Com certeza não sou eu!", garantiu cada um dos discípulos (Marcos 14.19). "É um dos Doze, alguém que come comigo do mesmo prato" (Marcos 14.20), Jesus respondeu, provavelmente se referindo à tigela de *harosset* diante deles.

A história da traição está presente nos relatos que os Evangelhos fazem das últimas 24 horas da vida de Jesus. Antes do amanhecer, Judas trairia Jesus; Pedro iria negá-lo; e os discípulos iriam abandoná-lo, deixando-o completamente sozinho para enfrentar o julgamento nas mãos dos inimigos.

24 horas que transformaram o mundo

O eco da previsão de Jesus e das traições por parte de seus amigos mais íntimos continua a nos incomodar. Nos dias de hoje, quando líderes religiosos abusam de crianças, desviam dinheiro e fazem muito mais, confirmamos que essas traições são comuns. Jesus poderia ter afirmado de uma vez: "Todos vocês me trairão"; e, compreendendo isso, não temos outra saída senão examinar a nós mesmos.

Quando você foi Judas? Quando você foi Pedro ou os outros discípulos? Quando você traiu, negou ou abandonou Jesus? A verdade é que todos nós, em algum momento, iremos traí-lo — sem exceção.

Algum tempo atrás eu estava cumprimentando o pessoal na entrada da igreja e notei um casal que andava sumido. Aproximei-me e disse: "Que alegria ver vocês aqui". O marido respondeu: "Deixei de vir porque sabia que Deus estava decepcionado comigo e simplesmente não tive coragem de aparecer". Aquele homem poderia ser qualquer um de nós. Todos nós causaremos decepções a Deus. Todos acabaremos por traí-lo.

Ao celebrar a ceia, tomando o vinho e comendo o pão, é bom lembrar-nos desse aspecto da refeição de Jesus com os discípulos: ele sabia da traição, da negação e do abandono que viriam a seguir. Imagino que por essa razão a igreja tradicionalmente faz um chamado à confissão e ao arrependimento antes de os fiéis participarem do pão e do vinho. Na liturgia de muitas igrejas, há uma confissão que fala sobre o pecado contra o Senhor "por meio de pensamento, palavra e ação... pelo que fizemos e deixamos de fazer".

Um período inteiro do ano cristão litúrgico é dedicado ao arrependimento por nossos atos de traição e deserção. Na igreja primitiva, a Quaresma era uma época na qual as pessoas que haviam negado Cristo publicamente para evitar perseguição se arrependiam e eram restauradas, voltavam à comunhão e podiam participar da ceia novamente.

Ao estudar o arrependimento e a restauração, vale a pena considerar que, mesmo sabendo que Judas iria traí-lo, que Pedro iria negá-lo e que os outros iriam abandoná-lo, Jesus lavou os pés desses homens

(João 13.3-5) e depois comeu pão e bebeu vinho com eles — pão que representava seu corpo e vinho que representava seu sangue. Apesar de saber o que os discípulos fariam, Jesus lhes disse: "Já não os chamo servos [...] eu os tenho chamado amigos" (João 15.15). Jesus se dirigiu a todos, inclusive a Judas. Jesus viu além da traição, dos pecados e dos fracassos e chamou-os de amigos. Descansamos no conhecimento de que ele nos tratará da mesma forma.

"ISTO É O MEU CORPO" (MARCOS 14.12): DO *SEDER* À CEIA DO SENHOR

Depois de anunciar que seria traído, Jesus pegou o *matsa* e deu graças. O que veio a seguir, contudo, deixou os discípulos perplexos. Ao partir o *matsa* e entregá-lo aos discípulos, Jesus disse: "Tomem e comam; isto é o meu corpo" (Mateus 26.26). Isso não fazia parte do *Haggadah*, o texto que estabelece a ordem do *seder* da Páscoa. Ao contrário, era uma lição surpreendente e incisiva. Jesus falava muitas vezes por parábolas, usando analogias, símiles e metáforas. Nesse caso, o pão em suas mãos representava seu corpo, que em poucas horas seria dilacerado por chicotadas e pregado numa cruz romana. Como tantas vezes, os discípulos não entenderam a analogia nem o que iria acontecer. Mesmo assim, comeram.

A seguir, Jesus pegou o cálice — provavelmente o terceiro de quatro cálices de vinho que os discípulos beberiam durante o *seder* — e novamente deixou-os confusos, ao dizer: "Isto é o meu sangue da aliança, que é derramado em favor de muitos, para perdão de pecados" (Mateus 26.28). A referência ao cálice da redenção também não fazia parte do *seder* da Páscoa, embora os discípulos reconhecessem a expressão "sangue da aliança". A expressão é encontrada em Êxodo 24.8, em referência à ocasião em que Deus iniciou o relacionamento formal com Israel. Moisés pegou o sangue dos novilhos e aspergiu o povo com ele, dizendo: "Este é o sangue da aliança". Talvez os discípulos tenham lembrado que Deus disse a mesma coisa por intermédio de Jeremias:

24 horas que transformaram o mundo

"Estão chegando os dias", declara o SENHOR,
"quando farei uma nova aliança
com a comunidade de Israel
e com a comunidade de Judá.
Não será como a aliança
que fiz com os seus antepassados
quando os tomei pela mão
para tirá-los do Egito;
porque quebraram a minha aliança,
apesar de eu ser o SENHOR deles",
diz o SENHOR.
"Esta é a aliança que farei
com a comunidade de Israel
depois daqueles dias",
declara o SENHOR.
"Porei a minha lei no íntimo deles
e a escreverei nos seus corações.
Serei o Deus deles,
e eles serão o meu povo.
Ninguém mais ensinará ao seu próximo
nem ao seu irmão dizendo:
'Conheça ao SENHOR',
porque todos eles me conhecerão,
desde o menor até o maior",
diz o SENHOR.
"Porque eu lhes perdoarei a maldade
e não me lembrarei mais
dos seus pecados." (Jeremias 31.31-34)

Os israelitas haviam sido ligados a Deus, conforme disse por meio de Jeremias, como a esposa é ligada ao marido; eles, porém, traíram Deus, afastando-se do Senhor em muitas ocasiões. É como se Deus tivesse dito: "Farei uma nova aliança com vocês". Certamente era nisso em que Jesus pensava quando pegou o cálice; e certamente isso se transformou na história não só dos hebreus, mas de todos nós — uma história de fracasso e traição e de nossa necessidade de perdão.

A última ceia

Quando Jesus disse: "Isto é o meu sangue da aliança, que é derramado em favor de muitos, para perdão de pecados" (Mateus 26.28), ele mudou tudo. Transformou o *seder* da Páscoa, oferecendo em seu lugar, a todos os povos, a eucaristia: a ceia do Senhor, que simboliza a comunhão dos cristãos. Por meio do sangue de animais, os israelitas se haviam tornado o povo da aliança; a última ceia foi o estabelecimento da nova aliança pelo sangue de Jesus, não somente com as tribos de Israel, mas com toda a humanidade. Até aqui, o *seder* representava a história da libertação divina dos israelitas da escravidão; de agora em diante seria a história da libertação divina de toda a humanidade da escravidão do pecado e da morte. Naquele momento, Deus ofereceu a toda a raça humana nova vida e novo começo e transformou em seu povo, sua noiva, aqueles que decidem seguir Jesus. Por meio dessa última ceia, e de sua morte e ressurreição, Jesus convidou todos os seres humanos a se tornarem o povo escolhido de Deus.

As últimas 24 horas da vida de Jesus são a história do Deus cujo amor por seu povo é tão maravilhoso e profundo que ele mandou seu Filho entregar a própria vida como sinal e selo de uma aliança que libertaria as criaturas humanas das garras da morte. Por meio do Espírito Santo, Deus plantaria seus mandamentos nos corações humanos, perdoaria suas iniquidades e nunca mais se lembraria de seus pecados.

Em sua primeira carta aos Coríntios, Paulo nos lembra que Jesus disse: "Façam isto em memória de mim" (11.25). A última ceia deveria ser repetida em comemoração à nova aliança, exatamente como o *seder* da Páscoa comemorava o ato salvador de Deus mais importante na Bíblia hebraica. Essa refeição, a nova Páscoa, a ceia do Senhor, seria uma lembrança perpétua do amor de Deus, de sua graça e do sacrifício de seu Filho. Uma refeição que seria para nós, cristãos, um meio de lembrar a nossa história. Por seu intermédio, nossa vida seria transformada.

Se entendemos a ceia como uma analogia do *seder* da Páscoa, será útil aproveitar a experiência judaica quanto a esse ritual antigo. Compreender o que o *seder* significa para os judeus e como ele afeta sua vida nos levará a entender como Jesus encarava o *seder* e que resultado ele desejava que a ceia produzisse em nós.

"[O *seder* da Páscoa] é o momento em que nos lembramos, como registrado em Êxodo, de nosso clamor a Deus quando éramos escravos e de como ele nos ouviu e libertou do Egito", explica a rabina Katz. "É uma história magnífica. É também a história que define nosso nascimento como povo. O objetivo do *seder* é tornar essa história compreensível de todas as formas possíveis aos que estiverem à mesa. Os participantes precisam entendê-la, pois é o aspecto mais importante da nossa história".

A promessa do *seder*, informa a rabina, repercute numa frase entoada tradicionalmente à noite; a frase vem do *mishnah*[4] e afirma que as pessoas de cada geração devem ver-se como escravas no Egito. "Você começa a noite como escravo", continua a rabina, "e termina como liberto".

De que maneira a ceia do Senhor deve levar os cristãos a relembrar a própria escravidão e libertação?

UMA REFEIÇÃO QUE NOS DEFINE

Quando Jesus transformou a Páscoa em ceia do Senhor, creio que seu desejo era que a refeição definisse quem somos. A ceia nos faz lembrar que alguém nos salvou; que nossa liberdade veio à custa de uma pessoa; que Deus, em forma humana, sofreu e morreu por nós. Esta é a história que relembramos. É uma história impressionante, e temos de entendê-la se quisermos seguir Jesus Cristo. Temos de nos ver àquela mesa e aos pés daquela cruz, conscientes de que Jesus morreu por todos nós. Cada vez que comemos o pão e bebemos o vinho, isso nos vem à memória e nos transforma. Lembramo-nos de onde viemos, e a lembrança define quem somos e quem seremos. Para os cristãos, é a lembrança de nosso nascimento como povo.

---

4   A primeira redação importante das tradições orais judaicas. [N. do T.]

Participamos da ceia lembrando que éramos escravos do pecado e da morte, vivendo para nós e por nós mesmos. Terminamos a ceia como povo livre, conhecendo nosso Salvador, decidindo segui-lo, aceitando sua graça e misericórdia em nossa vida. É uma celebração, um acontecimento repleto de vitória porque representa a nossa salvação. Também é chamada de "eucaristia", termo grego que significa agradecimento. É uma refeição sagrada e repleta de significado, cheia de boas notícias. É assim que isso nos deve afetar.

Que lembranças definem você? Há eventos ou palavras que povoam sua mente? Talvez um abuso sofrido na infância? Coisas ditas por um dos pais, um professor ou um amigo? Um descaso ou uma humilhação que ainda magoa profundamente? Uma ofensa que você não esquece? Um hábito, uma atividade ou um vício que domina sua vida?

Nada disso deveria definir quem você é. Existe outra coisa, uma história maior, que define você. Para os judeus, essa história maior, revivida todos os anos, é a lembrança da Páscoa, resumida na frase: "Éramos escravos, mas agora somos livres". A história que nos define como cristãos é acompanhada de pão e vinho e algumas frases significativas:

> O Senhor Jesus, na noite em que foi traído, tomou o pão e, tendo dado graças, partiu-o e disse: "Isto é o meu corpo, que é dado em favor de vocês; façam isto em memória de mim". Da mesma forma, depois da ceia ele tomou o cálice e disse: "Este cálice é a nova aliança no meu sangue; façam isso sempre que o beberem em memória de mim". Porque sempre que comerem deste pão e beberem deste cálice, vocês anunciam a morte do Senhor até que ele venha.
> (1Coríntios 11.23-26)

O bispo Melito de Sardis, em um dos sermões cristãos mais antigos registrados fora do Novo Testamento, observou que o motivo da celebração da Páscoa não era apenas lembrar aos israelitas a obra salvadora de Deus por intermédio de Moisés, mas também *direcioná-los* para o que ele realizaria no mundo inteiro mil e duzentos anos mais tarde na pessoa de Jesus Cristo.[5] Da mesma forma, acreditamos que a ceia do Senhor nos reporta à cruz para nos lembrar do que Deus fez por nós, mas também nos *aponta* o dia em que participaremos da ceia no reino do céu. Paulo expressa a mesma ideia ao dizer que devemos participar da ceia como forma de proclamar a morte de Cristo até que ele retorne (1Coríntios 11.26).

Devemos lembrar algo mais ao refletir sobre a última ceia. Quando a morte bateu à porta, Jesus encontrou consolo na presença dos amigos. Lemos no evangelho de Lucas que Jesus disse aos discípulos: "Desejei ansiosamente comer esta Páscoa com vocês" (22.15). No evangelho de João, Jesus afirma aos discípulos o seu amor por eles e chama-os não de servos nem de alunos, mas de amigos (15.15). Nas horas que antecederam sua prisão, seu julgamento e sua crucificação, Jesus estava com os 12 homens que foram seus companheiros e amigos próximos, homens com quem havia orado, cultuado e partilhado a vida. Quando foi orar, sabendo que iria morrer, Jesus pediu àqueles que lhe eram mais íntimos que orassem com ele.

Lembre-se de que esses amigos próximos não eram perfeitos. Haviam decepcionado o Mestre e o decepcionariam novamente. Um até iria traí-lo. Ainda assim, eram seus melhores amigos; e estavam com ele na hora mais difícil de sua vida.

Os primeiros cristãos juntavam-se para adorar nos pátios do templo e reuniam-se em pequenos grupos nas casas uns dos outros, da mesma forma que Jesus se havia reunido com seu pequeno grupo. No geral, as igrejas de hoje dão ênfase aos pequenos grupos porque, como Jesus, precisamos de bons amigos que se juntem a nós nesta caminhada, amigos que nos desafiem, nos ajudem e nos sustentem em nossa fé. Isso era importante para Jesus, e é importante para todos nós.

---

[5] MELITO DE SARDIS. **On the Passover: The Crossroads Initiative.** Disponível em: <http://www.crossroadsinitiative.com/library_article/817/On_the_Passover_Melito_of_Sardis.html>. Acesso em: 01 mar. 2006.

A última ceia

Se você soubesse que teria apenas mais um dia de vida, e que o jantar de hoje seria sua última refeição, quem estaria à mesa com você? Certamente sua família. LaVon e nossas filhas estariam a meu lado, assim como meus pais, se possível. As outras pessoas seriam aquelas de meu círculo íntimo. É com elas que me reúno todas as semanas para orar e estudar a Bíblia. Dessas pessoas venho recebendo encorajamento e bênção repetidamente há muitos anos. Temos visitado uns aos outros em hospitais. Oramos uns pelos outros em situações difíceis. Caminhamos juntos pela vida, e o resultado é que eles se tornaram meus companheiros mais íntimos.

Espero que você tenha amigos cristãos assim, pessoas que orem por você nas tribulações, com quem você converse sobre a fé, a quem você confesse seus erros e de quem você ouve confissões — pessoas que levam umas às outras a Jesus.

Jesus precisava de amigos assim. Você também precisa. Em uma das igrejas que pastoreei, havia um senhor que encontrou amigos desse tipo em nosso estudo bíblico para homens. Seu câncer havia voltado após dois anos e meio de remissão. Nos últimos dezoito meses de vida, quando ele não conseguia mais participar das reuniões, foi amparado pelo grupo. Os homens oraram, incentivaram, abençoaram e amaram o amigo doente até o fim. Todos compareceram a seu funeral, um grupo de irmãos que haviam caminhado juntos pela vida.

Quando uma senhora de nossa igreja foi diagnosticada com câncer de ovário de estágio três, seu pequeno grupo passou a orar por ela e a encorajá-la. Quando seu cabelo começou a cair durante o tratamento, um dos homens do grupo apareceu de cabeça raspada e lhe explicou: "Vou ficar careca até o seu cabelo crescer". Foi seu jeito de dizer: "Estamos juntos nessa porque sou seu irmão em Cristo". Os dois festejaram quando o cabelo dela voltou a crescer.

Amizades assim não aparecem do nada. Precisam ser cultivadas. É provável que sua igreja tenha um ministério de pequenos grupos. Se não tiver, convide alguns amigos, vizinhos ou conhecidos e iniciem um grupo. Reúnam-se semanalmente para orar, estudar a Bíblia e incentivar uns aos outros. Jesus precisou de um grupo desses; e, se ele precisou, nós precisamos muito mais, certo?

Na última ceia, Jesus se sentou com os discípulos, um bando de desajustados e maltrapilhos. Havia pescadores, um cobrador de impostos aliado dos romanos e um zelote que desejava matar os romanos. Era uma mistura de homens impetuosos e tímidos, a maioria (como quase todas as pessoas do século I) não sabia ler nem escrever. Um deles trairia Jesus, outro iria negá-lo, todos o abandonariam, mas continuavam seus amigos. Ao partir o pão com eles, Jesus lhes deu um último ensino. Mostrou-lhes seu amor. Lemos no evangelho de João que Jesus lavou os pés dos discípulos. Ofereceu-lhes uma refeição por meio da qual se lembrariam dele pelo resto da vida. Daquele dia em diante, todas as vezes que seus discípulos comem o pão e bebem o vinho juntos, são unidos como seus seguidores e relembrados de que o Mestre está sempre por perto.

2 O JARDIM DO GETSÊMANI

Então foram para um lugar chamado Getsêmani. (Marcos 14.32a)

QUINTA-FEIRA À NOITE
DO OUTRO LADO DO VALE DO CEDROM

Quinta-feira, depois das 23 horas, Jesus e os discípulos terminaram o *seder* da Páscoa cantando um hino. Sabemos qual foi o hino porque, semelhantemente à oração que Jesus fez ao abençoar o pão, continua sendo parte do *seder*. É chamado *Hallel*, que significa "louvor" (raiz da palavra "aleluia"), e é composto de versos selecionados do salmo 113 ao salmo 118. Foi o *Hallel* que o povo recitou ao exclamar quatro dias antes: "Bendito é o que vem em nome do Senhor!" (Mateus 21.9; v. Salmos 118.26). É também no *Hallel* que lemos: "A pedra que os construtores rejeitaram tornou-se a pedra angular" (Mateus 21.42; v. Salmos 118.22), texto sobre o qual Jesus pregou em sua última semana de vida.

Imagino que Jesus deve ter-se confortado com esses versos ao entoar com os discípulos o velho hino antes de ir para o jardim do Getsêmani:

24 horas que transformaram o mundo

> Na minha angústia clamei ao Senhor;
> e o Senhor me respondeu,
>   dando-me ampla liberdade.
> O Senhor está comigo, não temerei.
> O que me podem fazer os homens? [...]
> Não morrerei; mas vivo ficarei
> para anunciar os feitos do Senhor [...]
> Empurraram-me para forçar a minha queda,
>   mas o Senhor me ajudou.
> O Senhor é a minha força e o meu cântico;
>   ele é a minha salvação. (Salmos 118.5,6,17,13,14)

Acho que essas palavras continuaram ressoando na mente de Jesus enquanto ele orava naquela noite lá no jardim do Getsêmani. Jesus voltava regularmente aos salmos, alimentando-se deles em seu ministério público. Ele ensinou com base nos salmos, cantou os salmos na última ceia e orou salmos quando estava pregado na cruz. Sem dúvida nenhuma os salmos foram um aspecto importante de sua vida espiritual. Se quisermos aprender com Jesus, temos de nos familiarizar com os salmos. Como Jesus, seremos confortados por alguns versículos especiais. Os Evangelhos não apresentam Jesus recitando salmos inteiros, mas um ou outro versículo, geralmente versículos altruístas, puros e grandiosos, aninhados entre os menos generosos, até mesmo vingativos, de alguns salmos específicos.

Os salmos representam o coração e a alma da Bíblia, e o fato de Jesus lançar mão deles nas últimas 24 horas de sua vida é um chamado para que os conheçamos mais e mais. Um bom começo é ler o salmo 118 completo, imaginando o que as palavras significaram para Jesus quando ele as entoou naquela noite de pura angústia.

"VOCÊS TODOS ME ABANDONARÃO" (MARCOS 14.27A)

Após a refeição, Jesus conduziu os discípulos rumo ao leste e depois ao norte na estrada que corre ao longo do vale de Cedrom. À direita

O jardim do Getsêmani

se encontravam os túmulos dos sacerdotes, dos profetas e das pessoas comuns ali enterradas, de frente para Jerusalém.

O vale do Cedrom também é chamado de vale de Josafá, que Joel 3.12 identifica como o lugar do julgamento final: "Despertem, nações; avancem para o vale de Josafá, pois ali me assentarei para julgar".

Esse vale representa o local em que todas as nações da terra se reunirão um dia para serem julgadas por aquele que, nessa noite trágica, levou seus discípulos pela estrada escura. Naturalmente Jesus estava ciente disso.

Na última ceia Jesus havia previsto que um dos discípulos iria traí-lo. Agora, ao caminhar com seus amigos, previu que todos iriam abandoná-lo. Essa previsão capta parte do sofrimento de Jesus naquela noite. Ele sabia que Judas já o havia vendido por 30 moedas de prata e logo iria traí-lo com um beijo. Sabia que todos os discípulos iriam abandoná-lo e fugiriam para salvar a própria pele. Que Pedro, apesar de garantir o contrário, negaria até que o conhecia. A experiência de ser traído, abandonado e negado pelos amigos mais íntimos — tudo isso causa grande sofrimento a qualquer pessoa. Para Jesus o sofrimento era duplo porque se tratava dos companheiros mais chegados, homens que passaram três anos com ele, viram-no realizar milagres e ouviram suas mensagens. De um modo estranho, sou agradecido porque os autores dos Evangelhos incluíram esses acontecimentos em vez de passar por cima do que certamente seria um testemunho embaraçoso sobre os discípulos. O próprio fato de terem falhado com o Senhor me ajuda a acreditar que existe graça divina até para mim quando nego, abandono e traio o Senhor.

O que me conforta nessa história não é apenas notar que até os amigos mais íntimos decepcionaram Jesus, mas que ele sabia que isso iria acontecer. Depois de prever que os discípulos iriam renegá-lo, Jesus enxergou além da traição e avisou: "Depois de ressuscitar, irei adiante de vocês para a Galileia" (Marcos 14.28). Ele anteviu o abandono, mas também prenunciou a restauração dos discípulos. Jesus iria aceitá-los de volta mesmo sabendo que iriam abandoná-lo; se o Mestre fez isso por eles, fará o mesmo por mim e por você.

O JARDIM

No sopé do monte das Oliveiras, com vista para o vale do Cedrom, encontra-se um bosque de oliveiras chamado jardim do Getsêmani. O jardim está voltado diretamente para o muro leste do monte do templo, dentro do qual está o famoso Portão Dourado, ou a Porta Formosa (uma entrada lacrada em 1541 pelo sultão Suleiman I). Ezequiel 44 descreve essa porta como o lugar por onde um "príncipe" entraria no santuário. Será que Jesus decidiu orar ali exatamente por isso?

Atualmente o jardim do Getsêmani contém diversas oliveiras antigas. Algumas pessoas acham que são do tempo de Jesus; no entanto, como acontece em relação a muitas coisas na terra santa, outros duvidam. Seja como for, essas árvores existem há séculos, trazendo à memória dos peregrinos a noite em que Jesus orou ali.

Perto do jardim existe uma igreja chamada Igreja de Todas as Nações, construída em cima de santuários antigos como lembrança da agonia de Jesus no Getsêmani e também do lugar no qual acontecerá o juízo final. O nome da igreja foi inspirado na referência do profeta Joel à ocasião em que as nações se reunirão para esse evento extraordinário. Ao entrar na igreja, a pessoa vislumbra a noite em que Jesus e os discípulos oraram no jardim. A igreja fica às escuras. Estrelas salpicam o teto. No santuário, uma grade baixa de ferro circunda um grande afloramento de pedra. A tradição afirma que esse é exatamente o lugar em que Jesus orou naquela noite enquanto aguardava ser preso. Os peregrinos de hoje se ajoelham para orar em volta da pedra e podem até mesmo tocá-la. É uma experiência comovente que transporta o adorador àquela noite de quinta-feira.[1]

Ao norte das árvores antigas e da Igreja de Todas as Nações existe um bosque de oliveiras mais novas. Este quase nunca é visitado, mas talvez ofereça uma visão melhor de como era o jardim quando Jesus e seus

---

[1] Nessa quinta-feira, também chamada de Quinta-feira Santa, algumas correntes do cristianismo celebram a última ceia de Jesus com os discípulos. [N. do T.]

discípulos oraram ali. Em algum ponto do jardim havia uma prensa para extração de azeite, pois este é o significado da palavra *Getsêmani*.

João é o único a dizer que o lugar no qual Jesus orou era um "jardim" (João 18.1, *Almeida Revista e Atualizada*). Também é o único a dizer que o túmulo em que Jesus foi sepultado ficava em um jardim (19.41), e que, quando Maria Madalena viu o Cristo ressuscitado pela primeira vez, achou que ele era um jardineiro (20.15). Talvez a intenção de João seja que façamos uma ligação entre o que Jesus estava fazendo e os acontecimentos que se desenrolaram em outro jardim, bem no início da Bíblia. Deus foi o jardineiro que plantou o jardim chamado Éden. Naquele jardim Adão e Eva desobedeceram a Deus, e o Paraíso se perdeu. João quer que entendamos que Jesus, ao contrário de Adão, permaneceria fiel a Deus. Deseja também nos mostrar que o que Jesus faria em breve tinha o objetivo de tratar, e reverter, os efeitos da "queda" de Adão e Eva. Na verdade, Paulo chegou a se referir a Jesus como o "último Adão" (1Coríntios 15.45).

"SENTEM-SE AQUI ENQUANTO VOU ORAR" (MARCOS 14.32): A ANGÚSTIA DE JESUS

João afirma que Judas sabia onde encontrar o Mestre naquela noite "porque Jesus muitas vezes se reunira ali com seus discípulos" (18.2). Lucas escreve que Jesus foi orar à noite no monte das Oliveiras, "como de costume" (22.39). Por que, talvez perguntemos, Jesus ia sempre a esse lugar? Pela beleza do bosque? Porque dali conseguia ver o monte do templo? Porque Davi havia subido o monte das Oliveiras ali perto, chorando depois de ser traído pelo filho Absalão e seu servo Aitofel? Para ficar em sintonia com o que Zacarias disse sobre o Messias: "Naquele dia os seus pés estarão sobre o monte das Oliveiras" (14.4)? Ou só porque era um lugar sereno e tranquilo no qual ele se sentia particularmente junto de Deus? Provavelmente por todas essas razões. O que sabemos com certeza é que Jesus orava ali com frequência, e foi esse lugar que ele procurou em seu momento de maior angústia.

Quando chegaram ao Getsêmani, Jesus pediu que os discípulos vigiassem e orassem. Depois, levou Pedro, Tiago e João um pouco mais adiante. Jesus não mencionou nem mostrou sua angústia até ficar sozinho com esses três amigos mais próximos. É provável que Jesus tenha achado necessário ser forte diante dos outros e não lhes revelar seu tormento, mesmo precisando desabafar com alguém. Possivelmente achou que os três entenderiam.

Quase todos nós sabemos como é difícil ser forte na frente dos outros; e também hesitamos em demonstrar medo, raiva e sofrimento. No entanto, todos nós precisamos de amigos íntimos com quem dividir esses sentimentos. Precisamos de nossos amigos Pedro, Tiago e João. Muitas vezes, como aconteceu com Jesus e seus companheiros, não precisamos das palavras de nossos amigos em momentos de tristeza. Jesus não pediu conselho, nem mesmo encorajamento, a Pedro, Tiago e João. Como nós, ele só precisava saber que estavam a seu lado.

Jesus, então, passou a revelar o que sentia. Mateus afirma que ele "começou a entristecer-se e a angustiar-se" (26.37). Jesus lhes disse: "A minha alma está profundamente triste, numa tristeza mortal. Fiquem aqui e vigiem comigo" (26.38). A seguir, foi um pouco mais adiante e "prostrou-se com o rosto em terra" para orar (26.39). Após um tempo, voltou para junto dos amigos. Jesus precisava conversar com eles ou apenas queria constatar que permaneciam atentos? Não sabemos. Mas sabemos que ele os encontrou dormindo, e sua decepção foi óbvia. Jesus perguntou a Pedro: "Vocês não puderam vigiar comigo nem por uma hora?" (26.40). Foi nesse contexto que Jesus pronunciou a famosa frase que não é tanto uma advertência, mas uma expressão de sua graça aos amigos: "O espírito está pronto, mas a carne é fraca" (26.41). Mais uma vez identifico-me com os discípulos. Essa parte da história é intensa exatamente porque todos nós podemos imaginar-nos depois da meia--noite caindo de sono, quando Jesus precisa de nós acordados e em oração. Além de nos oferecer graça divina, esse pormenor intensifica a ideia de que Jesus beberia sozinho o cálice do sofrimento.

O jardim do Getsêmani

A cena de Jesus angustiado, suplicando a Deus, perturba muitos cristãos. Para alguns, a cena inspira grande compaixão. Para outros, a imagem de Jesus pedindo que Deus o livre do cálice do sofrimento e sua visível angústia diante da crucificação parecem falta de nobreza e coragem. Ainda para outros, pode ser falta de fé. Talvez imaginem Jesus enfrentando a tortura e a morte sem ansiedade nem medo. É interessante notar que Lucas resume essa história pela metade e parece minimizar a angústia de Jesus (embora mais tarde um editor parece ter acrescentado ao evangelho de Lucas o detalhe de que o suor de Jesus era como gotas de sangue [22.44], na tentativa de lidar com a abordagem minimalista de Lucas). João não faz nenhuma referência à angústia de Jesus.

Alguns cristãos, ao explicar a inquietação e o sofrimento de Jesus, e mais tarde seu "grito de abandono" na cruz ("Meu Deus! Meu Deus! Por que me abandonaste?" [Marcos 15.34]), explicam que isso não foi consequência de medo ou falta de confiança nos planos de Deus, nem do desejo de fugir da tortura e da morte. Ao contrário, na opinião deles, o Getsêmani e a citação que Jesus fez do salmo 22.1 na cruz refletem uma visão particular da doutrina da expiação. Sugerem ainda que, quando Jesus estava na cruz, Deus lançou sobre ele os pecados do mundo. Naquele momento, ensinam, Deus virou o rosto contra Jesus e, pela primeira vez, houve separação entre Pai e Filho. Dizem que esse "desprezo" foi necessário porque Deus é santo e não poderia encarar os pecados do mundo despejados sobre seu Filho. De acordo com esse ponto de vista, foi tal "desprezo" que levou Jesus a se sentir abandonado na cruz ("Por que me abandonaste?"), e foi a presciência da separação que o levou a angustiar-se tanto no jardim do Getsêmani.

O argumento é persuasivo, mas creio que distorce os acontecimentos na cruz e diminui o caráter de Deus. Embora declaremos que Jesus carregou os pecados do mundo na cruz, isso não significa que o Pai tenha literalmente coberto Jesus com os pecados do mundo, mas que o Filho tomou voluntariamente sobre si o castigo merecido por esses pecados (ele sofreu por pecados que não cometeu) para nos reconciliar com Deus. O Pai não tinha motivo para se afastar. Na verdade, esse foi o maior gesto sacrificial de amor que se pode imaginar e fazia parte do plano de Deus. O Pai não desviou o rosto, mas observou com amor e angústia o tormento de seu Filho. O Pai sofreu por causa disso, vendo no suplício e na morte o esforço de seu Filho para levar o mundo a Deus. Ao testemunhar esse gesto, o Pai se uniu ao sofrimento do Filho na cruz.

No entanto, por que Jesus se afligiu e angustiou? Consideremos alguns motivos, e cada um revela algo sobre a importância do Getsêmani.

O "PORQUÊ" DA ANGÚSTIA DE JESUS

É possível que Jesus tenha-se angustiado por estar novamente batalhando contra o tentador — o mesmo que procurou afastá-lo da cruz no início de seu ministério público. Quem sabe Jesus até ouvisse o Diabo sussurrando: "Você tem certeza de que é o Filho de Deus? Porque, se não é, vai desperdiçar sua vida!" ou "Deus iria querer a morte do Filho dele? Claro que não; você entendeu errado". Talvez o tentador sussurrasse: "Não há outra saída? Você tem apenas 33 anos! Tem uma vida inteira de trabalho pela frente. Fuja agora; ainda há tempo! Ou simplesmente diga o que o pessoal quer ouvir, e você sai livre!".

O turbilhão mental e espiritual de uma tentação assim seria gigantesco. Jesus teve a chance de se libertar do sofrimento. Seria fácil justificar a decisão de se esquivar da cruz. Imagine os pensamentos que atravessavam a mente de Jesus! Quantas outras pessoas seriam alcançadas se ele continuasse vivo? E os discípulos? Olhe para eles; todos dormindo! Não estavam prontos para conduzir a obra. E se a cruz pusesse fim à missão? Tanto trabalho para nada?

Foi por acaso que Jesus orou três vezes para ficar livre do cálice? Ou foi para que nos lembrássemos das três tentações no deserto (Lucas 4.1-13)? Como já observamos, João mencionou que o Getsêmani era um jardim, lembrando-nos do Éden onde outras pessoas batalharam e sucumbiram ao tentador. Mas ali, no Getsêmani, tal qual no deserto três anos antes, Jesus resistiu à tentação, dessa vez orando a seu Pai: "Não seja feita a minha vontade, mas a tua" (22.42).

Há uma segunda explicação possível para a angústia de Jesus, ou pelo menos um componente que a intensificou: Jesus conhecia o destino de Jerusalém se o conflito com os líderes judeus terminasse em sua crucificação. Caso ele morresse, a maioria das pessoas não o veria como o Messias. Continuariam em busca de outro. Não entenderiam que a vontade de Deus era que amassem seus inimigos, e aguardariam um messias que as liderasse na tentativa de derrubar os romanos.

Os romanos não teriam esperado muito. Trinta anos após a morte e ressurreição de Jesus, quem buscava um messias militar encontraria um homem que os levaria a guerrear contra o Império Romano. A reação romana seria rápida e furiosa. Durante o período de 66 a 73 d.C., os romanos esmagariam o povo judeu e matariam mais de 1 milhão de judeus e aliados. Jerusalém seria devastada, e o templo, destruído. Jesus sabia que esse era o destino dos judeus se ele fosse crucificado. Será que isso também não lhe apertava o coração naquela noite? Não nos esqueçamos de que Jesus decidiu orar no jardim do Getsêmani, de onde avistaria a Cidade Santa. Dali, veria o templo, um templo que seria destruído. Se isso parecer um tanto improvável, lembre-se da única vez no evangelho de Lucas em que Jesus chorou. Aconteceu quatro dias antes, no Domingo de Ramos. Jesus estava descendo o monte das Oliveiras. Veja como Lucas descreve a cena:

> Quando se aproximou e viu a cidade, Jesus chorou sobre ela e disse: "Se você compreendesse neste dia, sim, você também, o que traz a paz! Mas agora isso está oculto aos seus olhos. Virão dias em que os seus inimigos construirão trincheiras contra você, a rodearão e a cercarão de todos os lados. Também a lançarão por terra, você e os seus filhos. Não deixarão pedra sobre pedra, porque você não reconheceu a oportunidade que Deus lhe concedeu". (19.41-44)

24 horas que transformaram o mundo

Lembre-se de que, poucas horas antes, junto ao monte do templo, Jesus previu: "Não ficará aqui pedra sobre pedra" (Mateus 24.2); ele também apresentou o seu "pequeno apocalipse", descrevendo em detalhes vívidos a destruição de Jerusalém (Mateus 24). No jardim, quando Jesus perguntou se deveria mesmo beber daquele cálice, ele sofria não apenas por si, mas também por aquilo que aconteceria à cidade.

Creio que esses dois motivos para o sofrimento de Jesus explicam a angústia mental que ele viveu, porém jamais nos esqueçamos da principal razão de sua agonia no jardim. Permitiremos que Jesus seja humano? Não é verdade que a igreja sempre afirmou que em Jesus Deus se tornou "completamente humano"? O apóstolo Paulo não disse que em Jesus, de certa maneira, o Filho "esvaziou-se" de sua divindade (Filipenses 2.7)? Como você se sentiria ao saber que em poucas horas seria torturado, publicamente humilhado e então sujeito a uma das sentenças de morte mais cruéis, desumanas e dolorosas inventadas pelo homem? Como se sentiria sabendo que sua morte abriria caminho para terríveis atrocidades que você poderia ter prevenido? Consegue imaginar a angústia que Jesus deve ter sentido?

Nos capítulos seguintes estudaremos a natureza da humilhação, tortura e morte que aguardavam Jesus depois que ele bebeu esse cálice. Como ser humano, ele tinha bons motivos para sentir-se "profundamente triste, numa tristeza mortal" (Marcos 14.34).

"NÃO SEJA O QUE EU QUERO, MAS SIM O QUE TU QUERES" (MARCOS 14.36)

Todos nós sabemos como é não querer fazer o que Deus quer que façamos. Talvez o apelo seja para um novo ministério, para desfazer um relacionamento prejudicial ou dar uma oferta sacrificial a uma organização. Pode ser um chamado de curto ou longo prazo a um campo missionário, ou um chamado para servir e amar pessoas que vivem fora da nossa ilha de conforto.

Uma senhora de minha igreja foi convidada a dar o curso Alfa — uma introdução à fé cristã — em uma penitenciária federal; mas, na primeira vez em que atravessou os portões de segurança e a cerca de arame farpado da Penitenciária Leavenworth para se encontrar com as presas, ficou apavorada e quis desistir. Uma jovem sentiu que Deus a estava mandando largar o mundo corporativo e ir para Honduras como missionária. Outro membro da igreja se sentiu impelido a iniciar um ministério com os sem-teto. Um senhor estava certo de que Deus desejava que ele adotasse uma criança de um orfanato.

Cada uma dessas pessoas viveu momentos de ansiedade antes de responder ao chamado de Deus, e, no fim, todas oraram, como Jesus orou: "Não seja o que eu quero, mas sim o que tu queres". Essa oração contém a essência da confiança total. É arrojada o bastante para apresentar diante de Deus nossos desejos, e humilde e obediente o bastante para garantir que faremos qualquer coisa que Deus mandar, não importa o custo.

Uma das orações que faço quase todas as manhãs é a oração da aliança na tradição wesleyana, que começa assim: "Não sou mais meu, porém teu. Coloca-me onde queres [...]". Em outras palavras: "Não o que eu quero, mas o que tu queres". Essa oração de obediência e confiança, embora simples, é muito eficiente no caminho da paz. Por seu intermédio, Jesus ensina que podemos dizer a Deus o que esperamos e desejamos ("Afasta de mim este cálice" [Marcos 14.36b]), mas o final de nossa oração tem de ser confiança singela e submissão à vontade de Deus ("Contudo, não seja o que eu quero, mas sim o que tu queres" [14.36c]).

TRAÍDO COM UM BEIJO

Voltemo-nos para o final desse episódio, ocorrido entre 1 e 3 horas da madrugada. Nessa ocasião Judas, um dos Doze, chegou ao jardim liderando os enviados pelas autoridades religiosas para prender Jesus. Ao aprisionar Jesus à noite, as autoridades evitaram qualquer possibilidade de a multidão se revoltar contra elas. Jesus sabia que o momento estava chegando. Sabia até que seu amigo Judas iria traí-lo. Mas o que ele sentiu ao ver Judas caminhando em sua direção? *Até tu, Brutus?*[2]

A imagem é tão forte que, dois mil anos mais tarde, o nome "Judas" continua sinônimo de "traidor". Por que Judas traiu Jesus? Já se escreveu muito sobre o assunto. Alguns acreditam que sua intenção era forçar Jesus a agir, na esperança de que ele formasse um exército e iniciasse a revolução que Judas antecipava. Outros acreditam que ele não passava de um ganancioso em busca de lucro. No entanto, o que os autores dos Evangelhos afirmam é que, não importa o motivo, Judas foi tomado pelo remorso depois da prisão e do julgamento de Jesus, suicidando-se logo após a crucificação.

Judas é uma figura trágica; e todos nós já fomos um Judas, tanto para Jesus como para os outros. Alguém observou que Judas também devia estar mergulhado em conflito e agonia naquela noite. Ele escolheu um beijo como sinal da traição.

Aqui, a palavra grega para "beijo" é *philein*, termo que descreve a afeição verdadeira por outra pessoa. Judas amava Jesus, mas estava disposto a traí-lo. Judas amava Jesus, mas se ressentia dele. Judas amava Jesus, mas estava frustrado com ele. Judas amava Jesus, mas vendeu seu amigo por 30 moedas de prata.

Algumas pessoas entendem que, no fim, Jesus perdoou Judas, o qual, agora no céu, é o maior exemplo da graça de Deus. Outras discordam. O que você acha? Se Judas tivesse pedido perdão a Jesus, teria sido perdoado?

No decorrer da prisão de Jesus, Pedro desembainha a espada e decepa a orelha do servo do sumo sacerdote. (João identifica-o pelo nome, "Malco" [18.10].) Lucas, o médico, conta que Jesus curou a orelha do servo (22.51), pequeno fato que muito aprecio. Na noite anterior a sua tortura e crucificação, Jesus para e cura um de seus captores. E depois manda os discípulos guardarem a espada, dizendo:

---

[2] Pergunta supostamente feita por Caio Júlio César, fundador do Império Romano, ao sobrinho que participou de seu assassinato. [N. do T.]

O jardim do Getsêmani

"Pois todos os que empunham a espada, pela espada morrerão" (Mateus 26.52b).

Depois de ser preso, Jesus foi amarrado pelo bando munido de varas. Enquanto Jesus era preso, os discípulos fugiam. Marcos relata, no que alguns acreditam ser uma alusão autobiográfica, que um jovem que havia seguido Jesus estava com os discípulos no jardim. Quando o jovem fugiu, alguém tentou segurá-lo pelo lençol em que estava enrolado. O rapaz saiu em tal disparada que deixou para trás o lençol e fugiu nu pela escuridão (14.51,52). Jesus ficou parado olhando enquanto seus discípulos o abandonavam. Somente Judas permaneceu. Jesus havia sido traído com um beijo e abandonado pelos amigos. E seu sofrimento estava apenas começando.

3 CONDENADO PELOS JUSTOS

Levaram Jesus ao sumo sacerdote; e então se reuniram [...]. Os chefes dos sacerdotes e todo o Sinédrio estavam procurando depoimentos contra Jesus, para que pudessem condená-lo à morte [...]. Outra vez o sumo sacerdote lhe perguntou: "Você é o Cristo, o Filho do Deus Bendito?" "Sou", disse Jesus. "E vereis o Filho do homem assentado à direita do Poderoso vindo com as nuvens do céu."

O sumo sacerdote, rasgando as próprias vestes, perguntou: "Por que precisamos de mais testemunhas? Vocês ouviram a blasfêmia. Que acham?" Todos o julgaram digno de morte. Então alguns começaram a cuspir nele; vendaram-lhe os olhos e, dando-lhe murros, diziam: "Profetize!" E os guardas o levaram, dando-lhe tapas.

Estando Pedro embaixo, no pátio, uma das criadas do sumo sacerdote passou por ali. Vendo Pedro a aquecer-se, olhou bem para ele e disse: "Você também estava com Jesus, o Nazareno". Contudo ele o negou dizendo: "Não o conheço, nem sei do que você está falando". E saiu para o alpendre [...]. Pouco tempo depois, os que estavam sentados ali perto disseram a Pedro: Certamente você é um deles. Você é galileu!" Ele começou a se amaldiçoar e a jurar: "Não conheço o homem de quem vocês estão falando!" E logo o galo cantou pela segunda vez. Então Pedro se lembrou da palavra que Jesus lhe tinha dito: "Antes que duas vezes cante o galo, você me negará três vezes". E se pôs a chorar. (Marcos 14.53,55,61-68,70-72)

QUINTA-FEIRA DEPOIS DA MEIA-NOITE
CASA DO SUMO SACERDOTE

De onde estava, Jesus enxergava além do vale do Cedrom e via o grande muro do templo, no qual havia ensinado no começo da semana. As pessoas que o haviam aclamado no domingo estavam dormindo após terem celebrado a Páscoa. Os discípulos que haviam feito parte de sua vida desde que foram chamados por ele às margens do mar da Galileia fugiram no meio do caos que acompanhou sua prisão. Agora, com as mãos e os pés amarrados pelos guardas do templo, Jesus era levado em direção aos muros da cidade.

Eles passaram novamente pelos túmulos dos antigos sacerdotes — túmulos que ainda continuam lá — e os portões nos quais, segundo o profeta Ezequiel, o Messias pisará um dia. Passaram pelo templo, bem abaixo do grandioso pináculo em que, conforme sabemos, Jesus foi tentado pelo Diabo, o qual o desafiou a se atirar de lá para provar, no momento em que os anjos o acudissem, que era mesmo o Messias. Descendo o vale, os soldados começaram a empurrar e arrastar Jesus pelo monte Sião, atravessando a parte baixa da cidade de Davi, construída um século antes por esse monarca extraordinário. Subiram a longa escada que unia a cidade baixa à cidade alta — escada que continua parcialmente intacta. Os visitantes ainda podem caminhar por esse trecho, lembrando e revivendo o trajeto de Jesus nessa noite. Eu andei por essa escada, pisei descalço naquelas pedras, visualizando aquela noite. Depois de caminhar vinte minutos, percorrendo cerca de um quilômetro e meio desde o Getsêmani, os soldados entraram com Jesus na casa de Caifás, o sumo sacerdote. Enquanto isso, dois dos discípulos de Jesus, Pedro e João, haviam juntado coragem suficiente para seguir a distância, escondendo-se nas sombras, ansiosos e com medo.

JESUS PERANTE CAIFÁS

Assim que Jesus foi preso, o Sinédrio, ou conselho de líderes judeus, reuniu-se às pressas na sala grande do que era, sem dúvida, uma mansão digna do sumo sacerdote. No local onde, acredita-se, ficava a mansão, existe hoje uma igreja chamada São Pedro Gallicantu — palavra que significa "canto do galo", em latim. No porão existe uma cela, um fosso de pedra fria que antes era uma cisterna; segundo a tradição, foi ali que Jesus ficou preso — ele foi baixado por um buraco no teto do porão — enquanto o Sinédrio resolvia seu destino e ele esperava ser levado até Pôncio Pilatos após o nascer do sol. Não é difícil imaginar Jesus naquele poço orando o salmo 88.1-4:

> Ó SENHOR, Deus que me salva,
> a ti clamo dia e noite.
> Que a minha oração chegue diante de ti;
> inclina os teus ouvidos ao meu clamor.
> Tenho sofrido tanto que a minha vida
>   está à beira da sepultura!
> Sou contado entre os que descem à cova;
> sou como um homem que já não tem forças.

O Sinédrio era um conselho composto de 71 líderes considerados os homens mais sábios e santos daquela época. A criação desse conselho foi inspirada em Números 11.16, quando Deus ordenou que Moisés escolhesse 70 líderes para ajudá-lo a governar o povo em nome de Deus. No tempo de Jesus, os 71 homens decidiam as questões religiosas do povo, assim como os romanos decidiam as questões políticas. O Sinédrio controlava o templo e seus pátios. Esses homens se dedicavam a Deus, e o sumo sacerdote era a figura religiosa mais importante da época.

Normalmente o Sinédrio se reunia durante o dia nos pátios do templo, e nunca durante as festas religiosas. O fato de estarem reunidos na casa do sumo sacerdote, à noite e durante a festa do pão sem fermento, indica por um lado a quebra desses procedimentos e por outro a urgência e o sigilo que eles acharam necessários para lidar com Jesus.

Precisamos afastar-nos um pouco desse cenário para entender completamente suas implicações e perceber sua trágica ironia.

Condenado pelos justos

Os cristãos acreditam que, em Jesus, Deus caminhou pela terra em forma humana. Nesse sentido, ele se assemelhava a um imperador que tanto desejava conhecer seus súditos que se vestiu de roupas comuns e viveu entre eles, sem que ninguém o reconhecesse ou compreendesse. O Deus do Universo decidiu viver em forma humana como pregador itinerante, mestre, carpinteiro, curador de enfermos — e pobre. Veio como um de nós. Curou os enfermos, perdoou os pecadores, mostrou compaixão aos perdidos e revelou ao povo como Deus era de verdade. Não podemos deixar escapar a ironia aqui: não foram os "pecadores" que prenderam Deus quando ele caminhava entre nós. Ele foi preso e julgado pelas pessoas mais devotas e religiosas da face da terra. O Deus a quem diziam servir caminhou entre eles em forma de homem, e eles não conseguiram vê-lo. Estavam tão cegos pelo amor ao poder e pelo medo de perder isso que não notaram a presença de Deus. As pessoas que você acha que iriam aceitar e aclamar Jesus foram exatamente aquelas que o prenderam e o levaram a julgamento no meio da noite. Julgaram Deus por blasfêmia. O testemunho de Jesus de que ele era, sim, o Messias deixou-os enfurecidos; eles consideraram Jesus culpado e condenaram Deus por um crime que merecia a pena de morte — blasfêmia contra si mesmo! Cuspiram nele, vendaram-lhe os olhos e deram-lhe tapas (Marcos 14.65). "Profetize-nos, Cristo!", gritavam. "Quem foi que lhe bateu?" (Mateus 26.68). Depois o devolveram aos guardas para que apanhasse ainda mais (Marcos 14.65).

A pergunta que devemos fazer, que *precisamos* fazer, é: "Como isso aconteceu?". Como 71 homens religiosos, dedicados a Deus, fizeram o que fizeram? Como condenaram um inocente à morte? Mesmo achando que ele era um falso messias, por que homens devotos, pilares da comunidade, cuspiram em Jesus? Por que vendaram seus olhos, zombaram dele e o estapearam?

Acredito que foi por medo. Para aqueles homens, Jesus era uma ameaça a seu estilo de vida, à posição de autoridade que exerciam, ao *status* que ocupavam entre os judeus. Eles haviam observado as multidões ao redor de Jesus que comentavam: "O que é isto? Um novo ensino — e com autoridade! Até aos espíritos imundos ele dá ordens, e eles lhe obedecem!" (Marcos 1.27). Jesus era uma ameaça ao próprio sistema social.

O sumo sacerdote Caifás reagiu à altura da suposta ameaça. "Esse cara é perigoso", podemos ouvi-lo dizer. "Se o povo continuar indo atrás dele, os romanos vão farejar confusão, e sabe-se lá o que farão com nosso povo. Isso tudo pode resultar em muito sofrimento para a nação inteira e, certamente, para nós. É melhor um homem morrer que o povo todo pagar o preço. Jesus precisa morrer."

Não foi difícil convencer os outros. O medo visceral e a insegurança lhes devoraram a alma; e medo gera ódio, o que normalmente resulta em atos trágicos de desumanidade. Essa parte da história não tem a ver simplesmente com 71 judeus supostamente religiosos do século I. Tem a ver com a condição humana.

A AÇÃO VENENOSA DO MEDO

Todos nós nascemos com medo. Em parte, trata-se de um mecanismo que Deus nos deu como autoproteção; chamamos isso de instinto de autopreservação. Esse mecanismo é útil em situações de perigo. Algumas vezes temos de lutar, trabalhar, empregar todas as energias para nos salvarmos; e há momentos em que temos de fugir de uma situação. Infelizmente o instinto de autopreservação está ligado ao instinto do pecado. Existe algo arruinado em todos nós. Somos propensos a fazer o que é errado, a torcer, perverter e fazer mau uso do que foi criado para ser bom. Você sabe disso, e eu também.

Ao observarmos o Sinédrio e a maneira pela qual Jesus foi tratado, peço que o leitor considere de que maneiras a história se aplica a sua vida. O medo envenena todos nós. Quantas vezes somos motivados por ele? De que maneiras o medo nos leva, individualmente e como nação, a fazer o que é errado — e, às vezes, até mesmo o impensável — enquanto justificamos nossos atos como algo necessário?

Condenado pelos justos

Qual foi o papel do medo nos julgamentos das bruxas de Salém em 1692[1] ou no "Red Scare" de Joseph McCarthy em 1952?[2] Qual o papel do medo nas leis do *apartheid* da África do Sul ou nas leis de Jim Crow nos Estados Unidos?[3] Como o medo influenciou a política internacional americana durante a guerra fria e depois do Onze de Setembro? Como o medo tem levado você a fazer coisas das quais se arrepende mais tarde?

Cada um de nós precisa estar ciente do poder do medo e jamais esquecer as lições deixadas pela História. Todos nós, se permitirmos que o chamado do amor seja obscurecido pelo medo natural, somos capazes de apoiar e fazer o impensável. Quando leio sobre o julgamento de Jesus perante o Sinédrio, fico pensando: "Será que eu estaria entre as pessoas que, por medo e insegurança e pelo ódio que esses sentimentos despertam, consideraria Jesus culpado de crimes que mereciam ser punidos com a morte?".

Alguns amigos não religiosos já me disseram: "Eu acreditaria em Deus só se ele aparecesse diante de mim, se batesse a minha porta". Mas ele fez isso uma vez, e veja como a humanidade reagiu. Se você ou eu ou meus amigos não religiosos estivéssemos lá naquele dia, é vergonhoso dizer, teríamos apoiado tudo o que aconteceu. Vejo-me participante do Sinédrio. Infelizmente eu teria agido da mesma forma que eles.

Os pastores entendem como o medo funciona. É fácil usar o medo para motivar a igreja, e precisamos ter cuidado com isso. Os políticos fazem a mesma coisa — basta observar as campanhas políticas. Infelizmente essas táticas geralmente funcionam.

---

[1] Episódios resultantes de superstição que resultaram no julgamento de algumas pessoas — a maioria mulheres — acusadas de bruxaria, na cidade de Salem, no estado americano de Massachusetts. Essas pessoas foram declaradas culpadas, e acabaram executadas. [N. do T.]

[2] "Red Scare" (Perigo Vermelho) refere-se ao período em que os norte-americanos viviam em constante medo da espionagem comunista. O senador Joseph McCarthy se tornou famoso por investigar supostos simpatizantes do comunismo, inclusive pessoas do governo.

[3] Leis estaduais e municipais que mantinham a segregação racial no país. Separavam, supostamente com igualdade, as dependências públicas em áreas para brancos e para negros. Por exemplo, havia segregação de escolas, banheiros, transporte, restaurantes e bebedouros públicos.

Como cristãos, a pergunta que temos de fazer em nossa vida pessoal e na esfera pública não é: "O que me trará mais segurança?", e sim: "Qual é a atitude mais amorosa que posso demonstrar?". No fim, o amor conquista de uma forma que o medo, o ódio e a violência simplesmente não conseguem fazer. É isso o que a Bíblia nos ensina a respeito dos caminhos de Deus. A seguinte passagem da primeira carta de João me vem à mente:

> Deus é amor. Todo aquele que permanece no amor permanece em Deus, e Deus nele. Dessa forma o amor está aperfeiçoado entre nós, para que no dia do juízo tenhamos confiança, porque neste mundo somos como ele. No amor não há medo; ao contrário o perfeito amor expulsa o medo [...]. Nós amamos porque ele nos amou primeiro. Se alguém afirmar: "Eu amo a Deus", mas odiar seu irmão, é mentiroso, pois quem não ama seu irmão, a quem vê, não pode amar a Deus, a quem não vê. (4.16b-20)

Tenho certeza de que pelo menos alguns dos 71 membros do Sinédrio devem ter questionado se era correto condenar Jesus à morte. Alguns devem ter imaginado se aquele homem não era mesmo o Messias. No entanto, nenhum dos Evangelhos menciona que algum deles, somente um, a não ser José de Arimateia, tenha discordado da sentença de morte que exigiram de Pilatos. Isso revela outro aspecto do ser humano: é extremamente difícil resistir aos que estão na liderança ou são maioria, mesmo quando acreditamos que estão agindo errado. É difícil não dançar conforme a música, é difícil enfrentar e resistir. Isso acontece comigo de vez em quando. Houve ocasiões em que pessoas em posição de autoridade disseram: "É assim que devemos agir", e eu me calei por medo de parecer bobo. Acho que alguns membros do Sinédrio se questionaram mais tarde: "Por que não me pronunciei?".

Durante a Segunda Guerra Mundial, Martin Niemöeller, pastor luterano da Alemanha nazista, testemunhou os pecados cometidos contra os judeus e, de início, decidiu não protestar. Só mais tarde se pronunciou contra o que tinha visto. Uma citação atribuída a

Niemöeller expressa de maneira comovente sua análise da situação: "Primeiro vieram em busca dos comunistas, e me calei porque eu não era comunista. Depois vieram em busca dos judeus, e me calei porque eu não era judeu. Então vieram em busca dos católicos, e eu me calei porque era protestante. Aí vieram buscar-me, e a essa altura não havia restado ninguém para protestar".

Lembro-me também de uma citação do filósofo e político britânico do século XVIII Edmund Burke: "A única coisa necessária para o mal triunfar é a inércia das pessoas de bem".[4] Ficar calado, cruzando os braços diante de um erro, é pecado.

No Sinédrio todos se calaram. Ninguém perguntou: "Isso está de acordo com a nossa fé?". Quantas vezes ocorreu o mesmo na história moderna — durante o Holocausto, na América de Jim Crow, na África do Sul, em Abu Ghraib,[5] na minha e na sua vida. Quantas vezes observamos algo errado, mas tivemos medo de nos pronunciar? Não estou falando de apontar os pecados na vida dos outros. Todos nós conhecemos cristãos que vivem acusando os outros; não são corajosos, são uns chatos. Eu me refiro a situações em que você faz parte de um grupo que decide fazer algo obviamente errado ou quando você testemunha uma injustiça contra alguém e fica quieto, e bastaria uma única pessoa ser contra para reverter a situação, mas todos se calam. O que teria acontecido se um, dois ou três membros do Sinédrio tivessem dito: "Isso está errado, não interessa nossa opinião a respeito desse Jesus. O que estamos fazendo vai contra os ensinos de Deus"? Nas circunstâncias da vida, precisamos ter coragem para dizer, com grande humildade e apesar do medo: "Sabe, gente, acho que isso está errado". Naquele momento crucial em que as ordens "Diga alguma coisa" e "Fique de boca fechada" martelam em sua cabeça, obedeça à primeira.

---

[4] BURKE, Edmund. **The Quotations Page**. Disponível em: <http://www.quotationspage.com/quotes/Edmund_Burke/. Acesso em: 14 mar. 2006.

[5] Penitenciária no Iraque conhecida como lugar de tortura no governo de Saddam Hussein. Quando os Estados Unidos e os aliados ocuparam o país, a penitenciária ficou conhecida como o local onde alguns prisioneiros iraquianos foram torturados. [N. do T.]

"EU SOU" (MARCOS 14.62, *ALMEIDA REVISTA E ATUALIZADA*)

Jesus se encontrava no olho do furacão, ouvindo enquanto os "piedosos" tentavam descobrir motivos para condená-lo à morte. Observava a frustração crescente de todos à proporção que testemunhas arranjadas apresentavam relatos contraditórios contra ele. De acordo com a lei judaica, era necessário que duas pessoas concordassem em seus testemunhos para que alguém fosse condenado; e, nesse caso, não havia acordo. Por fim, dirigiram-se a Jesus; o sumo sacerdote perguntou: "Você é o Cristo, o Filho do Deus Bendito?" (Marcos 14.61). Tudo o que Jesus precisava fazer era permanecer calado, e não haveria base para condenação; mas sua resposta foi considerada blasfêmia pelos judeus e traição pelos romanos.

A resposta de Jesus quanto a sua identidade une três alusões do Antigo Testamento, e cada uma delas garantiu sua condenação pelo Sinédrio. Vejamos quais são. A primeira afirmação de Jesus é fácil de ser entendida como uma resposta simples e literal à pergunta: "Você é o Messias?" (Lucas 14.61, *Nova Tradução da Linguagem de Hoje*). Marcos a registra em duas palavras gregas: *Ego eimi*, ou "Eu sou" (14.62, *Almeida Revista e Atualizada*). Caifás, no entanto, percebeu que não se tratava de uma simples declaração. A resposta direta teria sido: "Eu sou ele", "Eu sou o Abençoado" ou até "Eu sou o Messias". Contudo, no grego um simples "Eu sou" parece indicar algo muito mais profundo. No evangelho de João a frase sai da boca de Jesus tantas vezes que os estudiosos fazem referência às declarações "Eu sou" de Jesus. A importância dessa frase provavelmente remete a um versículo-chave no livro de Êxodo sobre um fato ocorrido mil e duzentos anos antes de Jesus. Moisés viu uma sarça queimando e dela saía a voz de Deus. Moisés perguntou a Deus qual era seu nome, para depois dizê-lo aos israelitas no Egito. Deus respondeu: "Eu Sou o que Sou" (3.14). Portanto "Eu sou" não é simplesmente a primeira pessoa singular do verbo "ser"; em hebraico, é o nome pessoal de Deus, provavelmente pronunciado *Javé,* embora tenha sido muitas vezes erroneamente traduzido por Jeová. Ao revelar seu nome santo a Moisés, creio que

Deus estava dizendo: "Sou a fonte de todas as formas de vida" e "A própria existência vem de mim".

Ao escrever que a primeira declaração de Jesus ao sumo sacerdote foi "Eu sou", creio que a intenção de Marcos era que os leitores percebessem a ligação entre Jesus e seu Pai. Marcos estava afirmando o que João disse no início de seu Evangelho:

> No princípio era aquele que é a Palavra. Ele estava com Deus, e era Deus. Ele estava com Deus no princípio. Todas as coisas foram feitas por intermédio dele; sem ele, nada do que existe teria sido feito. Nele estava a vida, e esta era a luz dos homens. (João 1.1-4)

Por causa da primeira afirmação de Jesus, Caifás rasgou as próprias vestes e declarou-o culpado de blasfêmia. Jesus não havia terminado, porém. Na segunda afirmação ele diz: "E vereis o Filho do homem [...] vindo com as nuvens do céu" (Marcos 14.62), referindo-se a uma passagem que tem início em Daniel 7.13. Jesus contava com o fato de que Caifás preencheria as lacunas do texto:

> Em minha visão à noite, vi alguém semelhante a um filho de homem, vindo com as nuvens dos céus. Ele se aproximou do ancião e foi conduzido à sua presença. Ele recebeu autoridade, glória e o reino; todos os povos, nações e homens de todas as línguas o adoraram. Seu domínio é um domínio eterno que não acabará, e seu reino jamais será destruído. (7.13,14)

Diante do Sinédrio, Jesus se identificou com o Messias descrito nesse texto de Daniel, observando que sua glória — seu governo sobre o mundo inteiro — seria no futuro, não no presente como esperavam os judeus. Jesus declarou que, quando o Messias vier, ele reinará; e Deus Pai lhe garantirá domínio, autoridade e poder sobre todas as pessoas. Sua vontade será feita, e naquele dia todas as nações e povos irão adorá-lo — algo reservado exclusivamente a Deus.

24 horas que transformaram o mundo

Jesus também disse a Caifás que ele veria o Filho do homem "assentado à direita do Poderoso" (Marcos 14.62). Essa é uma referência ao salmo 110.1-4:

> O SENHOR disse ao meu Senhor:
>   "Senta-te à minha direita
> até que eu faça dos teus inimigos
>   um estrado para os teus pés".
> O SENHOR estenderá
>   o cetro de teu poder desde Sião,
> e dominarás sobre os teus inimigos!
> Quando convocares as tuas tropas,
>   o teu povo se apresentará voluntariamente.
> Trajando vestes santas,
>   desde o romper da alvorada
> os teus jovens virão como o orvalho.
> O SENHOR jurou e não se arrependerá:
>   "Tu és sacerdote para sempre,
>   segundo a ordem de Melquisedeque".

Lemos duas vezes nos Evangelhos que Jesus citou esse salmo (Mateus 26.64; Marcos 14.62), provavelmente escrito para e sobre Davi; e nas duas vezes ele aplica as palavras a si mesmo, tornando-se o herdeiro profético de suas promessas. Nesse texto, o Senhor (Javé) se dirige a Jesus, posicionando-o à sua direita para governar. Os inimigos estão bem ali naquela sala e serão transformados em estrados para seus pés. Sem dúvida, de novo os membros do Sinédrio ficaram indignados ao lembrar o salmo.

A referência a Melquisedeque é de mil e seiscentos anos antes de Jesus. Foi um rei que ofereceu pão e vinho a Abraão, que havia derrotado os inimigos de Melquisedeque em uma batalha. Em hebraico o nome "Melquisedeque" significa "rei de justiça", e seu gesto prenunciou o pão e o vinho que Jesus nos oferece na ceia. Melquisedeque é rei e sacerdote, como Jesus, que é o rei da justiça e age como sacerdote, oferecendo-se a Deus em favor do povo. Jesus se identificou como aquele de quem se profetizava desde os tempos do salmista e foi prenunciado no misterioso Melquisedeque.

Nessa única sentença — três afirmações — Jesus testificou que era o Messias, eleito de Deus, e fez alusão a um relacionamento muito especial entre ele e Deus. Jesus não foi apenas um mestre extraordinário. Não foi simplesmente um fazedor de milagres. Também não foi o messias político que o povo aguardava. Ele se via intimamente ligado a Javé, via-se como o Filho do homem prometido que viria outra vez nas nuvens, tendo recebido domínio sobre todos os povos e se assentado à mão direita de Deus, servindo como sacerdote e rei. O Sinédrio, instruído o bastante para compreender a abrangência completa das afirmações e reivindicações de Jesus, rasgou suas roupas diante da insolência de tudo isso e reagiu: "Precisamos de mais testemunhas? Esse homem blasfemou e merece a morte". Jesus foi condenado.

"NÃO CONHEÇO O HOMEM" (MARCOS 14.71)

Enquanto isso, o ato final desse drama se desenrolava no pátio, em torno de uma fogueira junto à qual Pedro se aquecia. Sabemos o que vem pela frente — Pedro negará Jesus, uma cena pela qual ainda é lembrado. Por mais fácil que seja menosprezá-lo por ter negado Jesus, por mais fácil que seja vê-lo como covarde, é importante reconhecer a coragem que Pedro demonstrara até então.

Quando Jesus estava sendo preso no jardim do Getsêmani, foi Pedro quem desembainhou a espada e mostrou-se disposto a enfrentar um destacamento de guardas armados. Ele chegou até a decepar a orelha do servo do sumo sacerdote. Jesus se voltou para Pedro e ordenou: "Guarde a espada! Acaso não haverei de beber o cálice que o Pai me deu?" (João 18.11). Pedro podia estar equivocado, mas foi ele quem teve coragem suficiente para tentar lutar por Jesus.

Nos evangelhos de Mateus, Marcos e Lucas, vemos que, quando Jesus foi preso, os discípulos fugiram — exceto Pedro. Ele seguiu os guardas que arrastaram Jesus à casa de Caifás. Foi esgueirando-se pelas sombras, mas, ao chegar lá, criou coragem e entrou no pátio do sumo sacerdote para ver o que estava acontecendo. Que intrepidez! Você teria coragem de entrar no pátio sabendo que corria risco de morte por ser discípulo de Jesus?

Todavia, a bravura de Pedro durou até certo ponto. Enquanto o julgamento continuava, ele se aquecia junto ao fogo, entre os guardas do templo, provavelmente fazendo de tudo para esconder sua identidade. Então, quando uma criada chamou atenção para ele, Pedro começou a vacilar. "Olhou bem para ele e disse: 'Você também estava com Jesus, o Nazareno' " (Marcos 14.67). Naquela hora, o medo tomou conta de Pedro. Sabendo que poderia ser agredido, ele negou ser discípulo de Jesus.

"Não o conheço, nem sei do que você está falando", foi a resposta (14.68), e Pedro saiu para o alpendre. A criada foi atrás dele e insistiu: "Esse aí é um deles". E mais uma vez Pedro negou. Finalmente um grupo de pessoas que observara Pedro, ao notar seu sotaque galileu facilmente reconhecível, aproximou-se e disse: "Certamente você é um deles. Você é galileu!" (14.70).

Pedro começou a rogar pragas do céu sobre si mesmo e jurou: "Não conheço o homem de quem vocês estão falando!" (14.71). Naquele instante um galo cantou pela segunda vez, e Pedro se lembrou de que Jesus havia dito: "Antes que duas vezes cante o galo, você me negará três vezes" (14.72). Lucas conta que, naquela hora, Jesus olhou lá de dentro para Pedro, e, quando seus olhos se encontraram, aquele homem durão, pescador de longa data e líder impetuoso dos discípulos de Jesus, desabou a chorar (22.61,62).

O incidente é um dos poucos mencionados em todos os Evangelhos, de modo que os quatro evangelistas devem tê-lo considerado importante. Não foi incluído com o objetivo de constranger Pedro. Na verdade, os Evangelhos foram escritos após (segundo a tradição) Pedro ter sido crucificado de cabeça para baixo por causa de sua fé. Os autores dos Evangelhos conheciam a história porque o próprio Pedro deve ter narrado com frequência a triste verdade. Nenhum dos outros

Condenado pelos justos

discípulos (exceto João) estava presente naquela hora. Pedro deve ter contado o fato em suas pregações. É possível que tenha dito: "Sei que vocês negaram Jesus. Eu mesmo o neguei. Neguei-o de um modo profundamente vergonhoso; no entanto, digo-lhes uma coisa: Traí o Senhor, mas ele me ofereceu sua graça. Ele me aceitou de volta. Se você o negou, ele o aceitará de volta, também". Pedro queria deixar claro que, apesar de negarmos o Senhor algumas vezes, ele sempre nos recebe de volta e nos usa para realizar sua obra. Desse momento em diante, Pedro nunca mais negou Jesus.

Dizem que, ao visitar a terra santa, o turista inevitavelmente é transportado no tempo, por um instante, e vive um pedaço da história do evangelho. Isso aconteceu comigo na primeira noite de minha primeira viagem à terra santa. Foi no mês de março, época em que Jesus foi preso. Nosso hotel ficava no topo do monte das Oliveiras, com vistas para Jerusalém, a Cidade Santa. Eu estava com insônia; e, apesar da escuridão, vesti-me, saí do hotel e sentei-me num banco embaixo de uma oliveira. Comecei a tremer de frio e imediatamente me lembrei de Pedro tentando aquecer-se junto à fogueira no pátio do sumo sacerdote. Enquanto eu estava sentado ali, perdido em pensamentos, um galo começou a cantar em algum lugar no sopé do monte. De repente, minha cabeça foi inundada por todas as ocasiões em que neguei Jesus. Neguei-o quando disse e fiz coisas que sabia estarem em desacordo com sua vontade; quando me envolvi com pensamentos e ações contrários a minha fé; quando me preocupei mais com o que os outros pensavam de mim e menos com o que Jesus pensava de mim; quando tive medo de me posicionar como um de seus discípulos, ou quando fiz algo que sabia estar errado, só porque alguém pediu. Sentado ali no monte das Oliveiras, naquela noite escura e fresca de primavera, experimentei por um momento o gosto da tristeza e da vergonha que fizeram Pedro chorar.

Cada um dos participantes do julgamento de Cristo perante Caifás nos ensina uma lição. Os membros do Sinédrio ilustram claramente a tendência de nós, humanos, permitirmos que o medo nos leve a fazer o que sabemos estar errado. No caso deles, foi a condenação de Jesus, foi terem vendado seus olhos e batido nele, e também o silêncio dos que sabiam que aquilo não era correto. O testemunho de Jesus nos ensina quem ele era e continua sendo. Ele é mais que um mestre extraordinário, mais que um profeta. É o "Eu Sou", o Sacerdote-Rei que um dia virá nas nuvens para reinar sobre todos. A negação de Pedro é uma lembrança de que nós, que fomos chamados para seguir Jesus, às vezes seremos tentados a negar até mesmo que o conhecemos; e isso serve de convite para s ermos reconhecidos como seus seguidores, não importa o custo.

4 JESUS, BARRABÁS E PILATOS

De manhã bem cedo, os chefes dos sacerdotes com os líderes religiosos, os mestres da lei e todo o Sinédrio chegaram a uma decisão. Amarrando Jesus, levaram-no e o entregaram a Pilatos.
"Você é o rei dos judeus?", perguntou Pilatos.
"Tu o dizes", respondeu Jesus.
Os chefes dos sacerdotes o acusavam de muitas coisas. Então Pilatos lhe perguntou novamente: "Você não vai responder? Veja de quantas coisas o estão acusando".
Mas Jesus não respondeu nada, e Pilatos ficou impressionado.
Por ocasião da festa, era costume soltar um prisioneiro que o povo pedisse. Um homem chamado Barrabás estava na prisão com os rebeldes que haviam cometido assassinato durante uma rebelião. A multidão chegou e pediu a Pilatos que lhe fizesse o que costumava fazer.
"Vocês querem que eu lhes solte o rei dos judeus?", perguntou Pilatos, sabendo que fora por inveja que os chefes dos sacerdotes lhe haviam entregado Jesus. Mas os chefes dos sacerdotes incitaram a multidão a pedir que Pilatos, ao contrário, soltasse Barrabás.
"Então, que farei com aquele a quem vocês chamam rei dos judeus?", perguntou-lhes Pilatos.
"Crucifica-o!, gritaram eles.
"Por quê? Que crime ele cometeu?", perguntou Pilatos.
Mas eles gritavam ainda mais: "Crucifica-o!"
Desejando agradar a multidão, Pilatos soltou-lhes Barrabás, mandou açoitar Jesus e o entregou para ser crucificado. (Marcos 15.1-15)

SEXTA-FEIRA DE MANHÃ
7 HORAS
FORTALEZA DE ANTÔNIA

Logo que amanheceu, Jesus foi amarrado novamente e retirado do palácio do sumo sacerdote. Os líderes religiosos que compunham o Sinédrio o julgaram culpado de blasfêmia e o condenaram à pena de morte. Como não tinham autoridade para executá-lo (a pena capital era prerrogativa dos romanos), conversaram e decidiram levar Jesus a alguém que tivesse: Pôncio Pilatos, o governador romano. Sabiam que a acusação de blasfêmia não significaria nada para Pilatos, mas também sabiam que, se Jesus afirmava ser o Messias, estava afirmando ser o rei, o Ungido que governaria a nação. Os romanos se interessariam bastante por alguém que estivesse maquinando tão abertamente uma insurreição. Não toleravam gente assim; essas pessoas eram invariavelmente torturadas e crucificadas.

Portanto, quando o sol nasceu em Jerusalém, Cristo foi levado pelas ruas até Pilatos, na Fortaleza de Antônia, distante apenas 400 metros de onde estavam. A multidão que o acompanhou era formada pelo Sinédrio e por curiosos que ficaram sabendo de sua prisão, além de sua mãe, seu discípulo João, e provavelmente Pedro. João (19.13) diz que o nome do lugar em que Jesus seria julgado era Pavimento de Pedra (em grego, *lithostrotos*). Será que o apóstolo mencionou o nome só para mostrar sutilmente as muitas ironias que caracterizavam esses eventos? Poucos dias antes, Jesus havia citado Salmos 118.22 para descrever a oposição crescente aos seus ensinos (Marcos 14.1). O salmo diz: "A pedra [grego, *lithos*] que os construtores rejeitaram tornou-se a pedra angular". Agora a "pedra" estava sendo rejeitada pelos líderes judeus no "pavimento de pedra". Antes que o dia terminasse, Jesus seria sepultado num túmulo lavrado em pedra; e uma enorme pedra redonda fecharia a entrada.

O SERVO SOFREDOR

A Fortaleza de Antônia era tanto a residência do governador quanto uma guarnição militar no coração da cidade. Ficava ao lado do próprio

Jesus, Barrabás e Pilatos

templo, e a presença militar romana tão próxima de um local sagrado como esse entristecia e enfurecia os judeus. Nessa manhã fria, porém, o Sinédrio alegrou-se por ter Pilatos à mão para ouvir o caso deles contra Jesus. É claro que as autoridades judaicas sabiam que Jesus não tinha intenção de liderar uma rebelião contra Roma; a única autoridade contra a qual ele se indignou foi a deles como líderes religiosos. Mesmo assim, as acusações forçariam Jesus a negar que era o Messias ou, caso ele se recusasse a fazê-lo, obrigariam Pilatos a condená-lo à morte por insurreição.

Como havia acontecido no julgamento conduzido pelo Sinédrio, Jesus permaneceu praticamente em silêncio diante de Pilatos, que ficou surpreso com sua falta de disposição para se defender. Pilatos sabia que os chefes dos sacerdotes acusavam Jesus por inveja — Jesus estava tornando-se mais popular do que eles, e o medo e a insegurança lhes atiçaram o ódio — mas por que, perguntava-se Pilatos, por que Jesus não se defendia? Ele foi acusado de se proclamar rei dos judeus, uma declaração considerada ofensa mortal. César era o rei dos judeus, e reivindicar esse título era sinal de rebelião. Quando Pilatos perguntou a Jesus: "Você é o rei dos judeus?" (Marcos 15.2a), a resposta foi curta e enigmática: "Tu o dizes" (15.2b). Jesus poderia estar dizendo: "Sou. Claro que sou". Ou poderia simplesmente querer dizer: "É você quem está falando, e não discordarei". Jesus não se estendeu na resposta. Em Mateus, Marcos e Lucas, Jesus não disse mais nenhuma palavra, e, assim, Pilatos deve ter ficado cismado: "Por que ele não diz nada?".

Ao ler sobre o silêncio de Jesus enquanto era julgado, uma das coisas que me vêm à mente é sua resignação, ou, melhor ainda, sua *determinação* em morrer. Ele estava decidido a não se defender. Não tentou escapar da pena de morte. Quando foi para Jerusalém, sabia que seria morto e acreditava que isso fazia parte do plano de Deus.

Tenho absoluta certeza de que Jesus sabia o que vinha pela frente, pois havia orado: "Pai [...]. Afasta de mim este cálice; contudo, não seja o que eu quero, mas sim o que tu queres" (Marcos 14.36). Jesus aceitou seu destino e calou-se. Creio que, diante do Sinédrio e de Pilatos,

Jesus devia estar lembrando Isaías 53, o texto que fala do grande "servo sofredor". Escrito séculos antes de Jesus, fala de uma pessoa que sofreria pelos pecados do povo de Israel. Muitos judeus acreditam que Isaías estava referindo-se à nação de Judá, que seria punida pelos pecados de seu povo, levada para a Babilônia, e ficaria totalmente destruída por algum tempo. Jesus sabia que Judá havia representado o servo sofredor, mas ele viu nesse texto um prenúncio de sua missão divina no papel do Messias. A igreja primitiva veria em Isaías 53 um retrato significativo do sofrimento e morte de Jesus:

> Todos nós, tais quais ovelhas,
> nos desviamos,
> cada um de nós se voltou
> para seu próprio caminho;
> e o SENHOR fez cair sobre ele
> a iniquidade de todos nós.
> Ele foi oprimido e afligido;
> e, contudo, não abriu a sua boca;
> como um cordeiro
> foi levado para o matadouro,
> e como uma ovelha que diante de seus
> tosquiadores fica calada,
> ele não abriu a sua boca. (Isaías 53.6,7)

Com frequência, Jesus fazia questão de destacar ou cumprir certos versículos. Ele montou em um jumentinho no Domingo de Ramos para revelar sua identidade como o Messias, sabendo que Zacarias 9.9 descrevia um rei entrando em Jerusalém desse modo. Nos julgamentos, é possível que o silêncio de Jesus tenha visado levar seus seguidores a meditar nas palavras de Isaías 53 e vê-las como um guia para seu sofrimento e sua morte.

Jesus estava oferecendo-se como ovelha sacrificial pelos pecados do mundo. Para os cristãos, sua morte foi redentora. Tinha um propósito. Jesus não morreu como um profeta desiludido. Ele não

Jesus, Barrabás e Pilatos

foi simplesmente um grande mestre assassinado pelos romanos. Ele decidiu ir para Jerusalém, contemplando sua morte e até avisando os discípulos sobre o que iria acontecer. Os cristãos sabem que essa morte foi o instrumento que Deus usou para salvar o mundo. Isaías retratou o seguinte quadro:

> Certamente ele tomou sobre si
>   as nossas enfermidades
> e sobre si levou as nossas doenças;
> contudo nós o consideramos
>   castigado por Deus,
> por Deus atingido e afligido.
> Mas ele foi transpassado
>   por causa das nossas transgressões,
> foi esmagado por causa
>   de nossas iniquidades;
> o castigo que nos trouxe paz
>   estava sobre ele, e pelas suas feridas
>   fomos curados. (Isaías 53.4,5)

Na última ceia, Jesus disse: "Tomem e comam; isto é o meu corpo" (Mateus 26.26). E continuou: "Isto é o meu sangue da aliança, que é derramado em favor de muitos, para perdão de pecados" (26.28). Jesus entendeu que sua morte resultaria em nossa salvação. É bom fazer uma pausa e refletir sobre como isso acontece exatamente. Faz muito tempo que os teólogos se esforçam para explicar a doutrina da expiação — ou seja, a união entre Deus e a humanidade, nossa reconciliação com Deus por intermédio da morte de Cristo na cruz. As pessoas mais ponderadas lutam com a questão. À primeira vista, é difícil entendermos completamente como a morte de Jesus resulta em nossa salvação; trata-se de um enigma.

Existem muitas teorias. Nenhuma em si é totalmente esclarecedora, mas, juntas, elas retratam de forma poderosa e profunda o significado do sofrimento e da morte de Jesus por nós. Uma das teorias sobre a expiação ensina que Jesus sofreu e morreu em lugar dos seres humanos. Ele sofreu o castigo que todos nós merecíamos por causa de nossos pecados e, ao fazer isso, ofereceu graça e perdão para toda a humanidade. Isso é conhecido como teoria da expiação substitutiva, e falaremos a respeito mais adiante.

Alguns rejeitam a teoria por considerá-la simplista e até confusa; para outros, no entanto, é o modo mais claro de entender o resultado que Jesus esperava de sua morte na cruz. No julgamento diante de Pôncio Pilatos vislumbramos essa ideia — um exemplo concreto de um conceito mais amplo. Pois aqui no *lithostrotos* Jesus tomou o lugar de um "criminoso notório" chamado Barrabás, que estava no corredor da morte. Barrabás, criminoso comprovado, ganhou a liberdade; e Jesus, homem inocente, foi crucificado no lugar dele.

O ALTO PREÇO DA GRAÇA

Barrabás é uma personagem intrigante por si só e por seu papel na morte de Jesus. Em Barrabás, temos um insurgente que liderou uma revolta contra os romanos; alguém que aparentemente havia assassinado colaboradores dos romanos, ou até mesmo cidadãos romanos; roubava dos outros e, supostamente, usava o dinheiro para o avanço de sua causa.

Durante a Páscoa, Pôncio Pilatos costumava soltar um prisioneiro escolhido pelos judeus. Programado para coincidir com essa celebração da liberdade coletiva dos judeus da escravidão no Egito, era um gesto político astucioso de misericórdia com a intenção de apaziguar as multidões e desinflar o desejo de insurreição. Nessa ocasião Pilatos tinha dois prisioneiros a sua frente: Jesus de Nazaré e Barrabás. Ambos haviam sido acusados de liderar rebeliões e de querer reinar sobre os judeus. Pilatos voltou-se para o povo e perguntou: "Qual dos dois vocês querem que eu lhes solte?" (Mateus 27.21). Seria Barrabás, que havia roubado e assassinado? Ou seria Jesus de Nazaré, que não havia feito nada errado — o Jesus que

Jesus, Barrabás e Pilatos

amou os perdidos, ensinou-lhes sobre o Reino de Deus, curou os enfermos e abençoou tantas pessoas?

Talvez Pilatos tenha achado que o povo escolheria Jesus, e ele atenderia ao pedido com o maior prazer, mas o povo preferiu Barrabás, que acabou em liberdade. No *filme A Paixão de Cristo*, de Mel Gibson, quando Barrabás é solto, ele se volta para Jesus, e um olhar momentâneo de reconhecimento lhe atravessa o semblante. Por um instante, Barrabás parece ter compreendido que aquele inocente seria crucificado em seu lugar. Barrabás seria o primeiro pecador por quem Jesus morreu. Esse é um pequeno retrato da obra substitutiva da expiação realizada por Jesus; pois nós, assim como Barrabás, fomos poupados, enquanto Jesus sofreu o castigo que merecíamos.

A teoria da expiação substitutiva, mencionada anteriormente, pode ser resumida da seguinte forma: cada um de nós pecou, e o pecado nos separou de Deus. A justiça exige castigo pelo peso acumulado desse pecado; a Bíblia afirma que "o salário do pecado é a morte" (Romanos 6.23) e a separação eterna de Deus. No entanto, Deus, que nos ama como os pais amam seus filhos, não nos quer eternamente distantes. Quer que recebamos graça. Uma pessoa comum não poderia morrer em lugar de toda a humanidade; Jesus, contudo, como Deus encarnado, poderia morrer pelos pecados do mundo inteiro. Ele pagou uma dívida que não era sua, presenteando-nos com a graça que não merecíamos. É isso o que testemunhamos ao ver Barrabás sair livre da prisão e Jesus ser crucificado.

Para muitas pessoas essa teoria é confusa. Certamente era mais fácil entendê-la na época em que animais eram rotineiramente sacrificados para expiação do pecado. Nós, hoje, não nos consideramos tão pecadores assim, portanto a morte de Jesus na cruz em nosso lugar não é realmente uma necessidade. Alguns acham que pecado não requer sacrifício ou expiação. Há momentos, porém, em que a ideia de Cristo ter morrido *por nós* se torna tão evidente, momentos em que praticamos algo tão horrível e nossa vergonha é tão grande, que entendemos não ser capazes, de jeito nenhum, de salvar a nós mesmos. É nessa hora que somos atraídos para a cruz e para o reconhecimento de que Cristo sofreu por nós. Olhamos para a cruz e constatamos que o preço já foi pago.

Isso me faz lembrar a história de um motorista que, dirigindo embriagado, atravessou a mureta divisória e atingiu um carro do outro lado da rua, matando uma criança. Foi condenado por homicídio culposo, mas, ainda que ficasse preso mil anos, não traria a criança de volta. Esse homem passou o resto da vida se culpando pelo crime cometido. Que bom se tivesse sabido que o preço estava pago, que o castigo já havia sido aplicado em Jesus!

Devemos olhar para a cruz e ver tanto o imenso amor de Deus quanto o alto preço da graça e descobrir que nosso coração é transformado pelo que Deus realizou por nós. Ao avaliar esse preço, temos de servir a Deus com humildade e gratidão, e, ao testemunhar o sofrimento de Cristo, nosso desejo deve ser o de nunca mais pecar. Entretanto, é claro que pecaremos novamente, e novamente invocaremos a graça de Deus revelada na cruz. Como Barrabás, ganharemos a liberdade por causa de um homem inocente.

EM BUSCA DE UM MESSIAS

Barrabás não é a única personagem com a qual devemos identificar-nos nessa história. Devemos ver-nos em meio à multidão também. Pelo jeito, o pessoal começou a se reunir bem cedo, às 6 horas, para pedir a crucificação de Jesus. Normalmente, ao pensar naquela multidão, imaginamos que era formada pelos judeus da época. Pois fique sabendo que não é bem assim! Nem todos os judeus queriam que Jesus fosse crucificado. É bem provável que o grupo do lado de fora da Fortaleza de Antônia fosse pequeno, talvez dezenas ou algumas centenas de pessoas, no máximo. Muita gente acreditava em Jesus, confiava nele, considerando-o um mestre extraordinário e alguém que realizava maravilhas, e essas pessoas apreciavam seus ensinos. Outros, porém, não achavam nada disso.

No meio daquele grupo madrugador havia, sem dúvida nenhuma, mercadores e cambistas que trabalhavam nos pátios do templo. Poucos dias antes, Jesus derrubara suas mesas e os expulsara de lá. Foram humilhados e haviam tido prejuízo. Nessa manhã, foram à desforra diante da fortaleza: "Jesus receberá o que merece. Vocês viram o que ele fez conosco? Arruinou nossos negócios. Ele merece morrer!". É bem provável que bandidos e arruaceiros estivessem por lá, pessoas que gostavam de ver "o circo pegar fogo".

Sem dúvida havia na multidão pessoas que não eram nem mercadores descontentes nem bandidos. Muitas delas devem ter visto quando Jesus desceu o monte das Oliveiras no dia que chamamos de Domingo de Ramos e acenaram suas folhas de palmeiras, exclamando: "Hosana! Bendito é o que vem em nome do Senhor! [...] Hosana nas alturas!" (Marcos 11.9).

Agora, na sexta-feira, gritavam: "Crucifica-o!". Por quê? Como é que as pessoas mudam de comportamento tão depressa e tão drasticamente?

Para entender, temos de examinar quem as pessoas achavam que Jesus era e iria ser. Naquele primeiro Domingo de Ramos, quando Jesus entrou na cidade montado num jumentinho e foi recebido por um festival de folhas de palmeiras, a multidão tinha em mente um episódio semelhante, ocorrido havia cento e noventa anos, quando outro governo oprimia os judeus: o Império Grego, sob a dinastia dos selêucidas, que havia matado um grande número de judeus, erigiu em meio à opressão um altar a Zeus no templo judaico e ali sacrificou porcos.

Então, em 165 a.C., uma família de judeus chamada Macabeus, reuniu um número suficiente de compatriotas da mesma opinião e instigou uma insurreição. Puseram os gregos para correr, obrigando-os a sair de Jerusalém e da terra santa. Purificaram o templo, ocasião que nossos amigos judeus ainda celebram como *Chanuca*. Quando Simão Macabeu retornou a Jerusalém, foi aclamado como o grande libertador; o povo acenou ramos de palmeiras diante dele em sinal de vitória. "Você nos libertou dos gregos", exclamavam. "Salve, salve!"

24 horas que transformaram o mundo

A ideia de acenar ramos de palmeiras em honra a Simão Macabeu e à libertação de Jerusalém provavelmente foi inspirada na festa dos tabernáculos ou das cabanas, chamada Sucote. Durante essa festa anual que durava uma semana, os judeus deveriam relembrar o tempo que passaram no deserto. Acenar ramos de árvore era parte da celebração diária do povo. No último dia da festa, um dia chamado *Hoshaná Rabá*, o povo dava sete voltas ao redor do altar do templo, bradando "Hosana" — uma palavra que em tradução livre significa "Salve-nos agora!". Nesse dia as pessoas clamavam para que Deus as libertasse. Recitavam as palavras de Salmos 118.26: "Bendito é o que vem em nome do SENHOR", enquanto esperavam a libertação que Deus daria a seu povo no futuro. A entrada de Simão em Jerusalém como libertador foi entendida como resposta às orações feitas anualmente durante a festa dos tabernáculos.

Assim, quando os judeus acenaram ramos de palmeiras ao ver Jesus descer dos montes das Oliveiras, estavam pedindo: "Jesus, seja nosso libertador. Salve-nos dos romanos (assim como Simão salvou nossos antepassados). Derrote nossos inimigos e livre-nos da horrível opressão que nos impõem". Era isso o que eles buscavam em Jesus: um messias, que significa "o ungido" ou rei. Davi foi um messias. Salomão foi um messias. Todos os reis do passado ungidos por sacerdotes foram considerados messias. Vemos, então, que aquelas pessoas tinham expectativas bem definidas de como o Messias deveria ser.

Entre o nascimento de Jesus e a destruição de Jerusalém pelos romanos em 70 d.C., pelo menos 8 pessoas, e possivelmente até 13, se apresentaram como messias ou foram aclamadas messias por um grupo de judeus. Josefo, historiador romano do século I, escreve a respeito. Alguns deles eram assassinos e ladrões. Alguns eram sinceros em seu desejo de reinar por Deus. Outros reuniram uma dúzia de seguidores, ou talvez algumas centenas. Em um caso específico, 6 mil pessoas se juntaram a um deles e formaram um pequeno exército. Cada um desses aspirantes a messias usou a espada na tentativa de expulsar os romanos e estabelecer um novo reino de Israel. Todos entendiam que essa era a

Jesus, Barrabás e Pilatos

tarefa do Messias, e esse também era o entendimento do povo. E cada um desses supostos messias foi condenado à morte.

Quando Jesus entrou em Jerusalém, muitos esperavam um messias que conduzisse uma rebelião armada contra os romanos, mas Jesus os decepcionou profundamente. Jesus foi o único messias que recusou pegar na espada. Não mostrou nenhum interesse em incitar as multidões a lançar fora as correntes romanas da opressão. Ao contrário, ensinou o povo a amar os inimigos e orar pelos perseguidores. Chamou de abençoados os que sofrem pela verdade e pelo que é certo, os que são mansos, os que promovem a paz. Se um soldado romano obrigar você a carregar as coisas dele um quilômetro, disse Jesus, carregue-a dois quilômetros. Se um romano lhe der um tapa no rosto, ofereça-lhe o outro lado.

Não era isso o que o povo aguardava. Aqui estava um aspirante a messias que ia contra tudo o que muitos acreditavam. Para essas pessoas, a única maneira de sobreviver era pela força. Liberdade requeria espada. Mas Jesus disse algo assim: "Ouçam bem o que lhes digo: vocês não serão libertados pelo poder da espada, e sim pelo poder da cruz. Não será levantando um exército para lutar contra os romanos. Ao contrário, isso ocorrerá pela demonstração do amor sacrificial". E ele estava certo. Jesus sabia que, mesmo que todos os homens, mulheres e crianças judeus se armassem até os dentes e atacassem os romanos, seriam trucidados. Sabia que a pequena terra de Judá, mesmo com a ajuda da Galileia e Samaria, não poderia derrotar a poderosa Roma imperial.

Jesus entendia que a vitória sobre os romanos não viria pela espada. Disse que viria pelo poder do *agape* — o amor sacrificial que, no fim das contas, não pode ser vencido. "Vocês irão vencê-los", Jesus disse com efeito, "com o poder de uma ideia. Quando ouvirem sobre o Deus de vocês e testemunharem Deus em sua vida, o coração deles será transformado".

Isso, claro, foi exatamente o que aconteceu. De modo geral, os romanos não adoraram mais com o mesmo entusiasmo os deuses enfraquecidos a quem veneraram durante tanto tempo. Quando os cristãos começaram a falar sobre um Deus que andou por este mundo como humilde carpinteiro, sofreu e morreu por seu próprio povo e depois, em vitória suprema, ressuscitou dentre os mortos, os romanos acharam a ideia tão cativante que decidiram seguir Jesus. O cristianismo se espalhou entre os escravos e o povo comum e, até certo ponto, entre as classes mais abastadas. A história de um Deus que veio em forma de homem convidar as pessoas a amar e que sofreu por elas era uma história muito mais persuasiva que qualquer uma referente ao panteão greco-romano dos deuses. O Império Romano acabou sendo conquistado não pela espada, mas pela cruz de Cristo. Esse era o jeito de Jesus. No entanto, nesse dia fatídico, quando Jesus estava perante o governador romano, com os líderes religiosos, os mercadores e todo tipo de gente atrás dele, não havia uma única pessoa que já tivesse entendido.

OS LEGADOS DE JESUS E BARRABÁS

Pilatos se postou diante da multidão madrugadora e ofereceu-lhe uma escolha. Eles poderiam requisitar a soltura do suposto messias e condenar o outro prisioneiro à morte. Mateus revela que o nome completo de Barrabás era na verdade "Jesus Barrabás" (Mateus 27.16, *Nova Tradução da Linguagem de Hoje*). "Barrabás" significa "filho do Pai", e "Jesus" significa "Salvador"; portanto Mateus deixa claro que a multidão teria de escolher entre duas figuras messiânicas. Se estivesse entre a multidão, qual dos dois homens você teria escolhido? Um vai liderar pela força; vai derrubar os romanos, devolver o dinheiro dos seus impostos, recuperar sua riqueza e prosperidade e restaurar o poder do reino judaico. A liderança do outro inclui amar esses mesmos opressores, servir-lhes enquanto estiverem entre seu povo e fazer duas vezes mais o que exigirem de você. Quem você iria querer livre? Quem você iria querer morto?

Quando a escolha é apresentada desse modo, é mais fácil entender por que a multidão preferiu Barrabás a Jesus. Em vez de escolher

Jesus, Barrabás e Pilatos

o caminho da paz por intermédio do amor sacrificial, optaram pelo caminho da força física, do poder militar e dos impostos mais baixos.

Temos um exemplo recente dessa escolha nas abordagens de Malcolm X e Martin Luther King Júnior em relação às lutas pelos direitos civis nos Estados Unidos nas décadas de 1950 e 1960. Os dois líderes queriam garantir para os negros a mesma justiça e os mesmos direitos dos brancos, porém seus métodos foram radicalmente opostos. Malcolm X acreditava que a injustiça era tão grande que muitas vezes a violência era justificada para combatê-la. Sua atitude é ilustrada neste enunciado feito em 1964: "Se não violência significa continuar adiando a solução para os problemas do negro americano simplesmente para evitar a violência, então sou a favor da violência. Não apoio a não violência se ela também significa solução tardia. Para mim uma solução tardia é o mesmo que falta de solução. Direi de outra forma. Se for necessário violência para que o negro consiga seus direitos neste país, sou favorável à violência exatamente como vocês sabem que os irlandeses, os poloneses ou os judeus seriam caso sofressem discriminação flagrante".[1] Foi somente após uma peregrinação a sua terra santa[2] que Malcolm começou a questionar essa abordagem; ele morreu um ano mais tarde.

Por outro lado, o dr. King acreditava que direitos humanos e igualdade só aconteciam quando os corações eram transformados pela resistência não violenta e o amor sacrificial. Sua abordagem, elaborada em seu sermão "Strength to Love" [Força para amar], pode ser resumida como segue: "Nossa abordagem será levá-los a se sentir tão envergonhados que nos deem os direitos civis. Com nossa disposição em sofrer, vamos mostrar-lhes um caminho diferente. Vocês podem ferir-nos e ferir-nos e ferir-nos, mas continuaremos amando vocês. Não iremos machucá-los fisicamente, porém defenderemos o que achamos certo. Enquanto nos impingem sofrimentos, iremos cansar vocês com nossa capacidade de

---

[1] MALCOLM X. **The Autobiography of Malcolm X**. Ballantine Books, 1964. [**Autobiografia de Malcolm X**. Rio de Janeiro: Editora Record, 1992.]

[2] A terra santa aqui mencionada é a cidade de Meca, na Arábia Saudita, uma vez que Malcolm X era muçulmano. [N. do T.]

não sucumbir. Conseguiremos a vitória demonstrando amor em vez de ódio por vocês".

Em relação aos direitos civis, o que finalmente transformou nosso país? Foi a violência e o ódio, ou foi o poder do amor sacrificial? Os dois pontos de vista tiveram seus defensores. A abordagem do dr. King espelhava o evangelho e, creio eu, alcançou uma geração inteira de brancos cujo coração foi transformado ao testemunhar a resistência pacífica de seus seguidores.

Uma geração antes, Mahatma Gandhi havia oferecido lições e inspiração ao dr. King. Diante da luta entre islâmicos e hindus, Gandhi anunciou uma greve de fome. "Ficarei sem comer", ele avisou, "até que essa gente pare de brigar"; e aquele homem calmo e miúdo quase morreu de inanição antes que os líderes dos dois lados fossem procurá-lo, pedindo: "Por favor, senhor Gandhi, volte a comer, e pararemos de brigar". Esse era o poder de um homem que, pela superioridade de suas ideias e prontidão em sofrer, convenceu dois povos a suspender o antagonismo.

O que uma atitude assim conseguiria nos dias de hoje? Na sociedade atual, é possível viver como Jesus de Nazaré insistiu para que vivêssemos? Será que um país ou governo sobreviveria dessa maneira? Sei com certeza que Jesus nos pediu que escolhêssemos o caminho dele, e não o de Barrabás; sei também que, embora muitos admirem Jesus de Nazaré, sentem-se mais seguros com Jesus Barrabás. Essa foi a escolha que Pilatos apresentou à multidão há dois mil anos: o revolucionário e popular Jesus Barrabás, que poderia transformar o mundo pela força, ou Jesus de Nazaré, que poderia transformar o mundo por meio do amor sacrificial. A multidão gritou: "Solta-nos Barrabás!" (Lucas 23.18). Se você estivesse lá naquele dia, quem teria escolhido?

"DESEJANDO AGRADAR A MULTIDÃO" (MARCOS 15.15)

Nós nos descrevemos como Barrabás, um pecador libertado por Jesus Cristo. Vemo-nos na multidão, pedindo que ele fosse solto em lugar de Jesus. Creio que também devemos colocar-nos no lugar de Pôncio

Pilatos, outra personagem de grande importância. Pilatos foi procurador, ou governador, da Judeia de 26 a 36 d.C. Fora do Novo Testamento, ele é citado em apenas duas fontes de informações do século I. Fílon de Alexandria, filósofo judeu, cita uma fonte que descreve Pilatos como "um homem inflexível, severo e teimoso".[3] Josefo, historiador judeu, conta que, quando Pilatos encontrou oposição à ideia de construir um aqueduto para Jerusalém com os impostos dos judeus, ele saqueou o templo para financiar a construção.[4]

Lucas 13.1 relata que alguns galileus foram ao templo oferecer sacrifícios (talvez com a intenção de levar o povo a uma rebelião), e Pilatos matou todos e misturou o sangue deles com os dos sacrifícios. Josefo conta que Pilatos também assassinou seguidores de um samaritano que aparentemente se dizia profeta — episódio que levou Roma a demiti-lo de seu cargo de governador.[5]

Certamente esse não era um homem que hesitava em matar judeus. Mesmo assim, quando Jesus — alguém que se apresentava como rei dos judeus — foi levado a sua presença, Pilatos mostrou dificuldade em sentenciá-lo à morte. Ficou perturbado por causa desse homem; vemos isso em todos os Evangelhos. Aparentemente Pilatos sabia que Jesus foi levado a sua presença por causa da inveja dos chefes dos sacerdotes. Parecia saber que era um erro condenar Jesus à morte. (No entanto, alguns estudiosos explicam que os Evangelhos foram escritos quando o cristianismo estava ganhando espaço no Império Romano. Esses relatos, portanto, podem ter enfatizado a relutância de Pilatos em crucificar Jesus com o objetivo de deixar claro que Jesus não estava liderando nenhuma rebelião contra Roma.)

Marcos escreve que Pilatos queria soltar Jesus, dizendo algo como: "O que devo fazer com este homem? Não vejo motivo nenhum para matá-lo"

---

[3] LIVIUS. **Articles on Ancient History**. Pontius Pilate. Disponível em: <http://www.livius.org/pi-pm/pilate/pilate04.html>. Acesso em: 26 mai. 2009.

[4] **Thrones of Blood: A History of the Time of Jesus 37 B.C. to 70 A.D.** Barbour Publishing, Inc., 1993. p. 61.

[5] Idem. p. 62.

(cf. Marcos 15.9-14). Em Mateus, lemos que a esposa de Pilatos implorou que ele não se envolvesse na morte de Jesus, pois havia tido um pesadelo por causa disso (27.19). Assim, Pilatos forçou a multidão a pedir a soltura de Jesus de Nazaré. Mas o povo continuou pedindo a crucificação de Jesus e a liberdade de Barrabás.

Mateus conta que Pilatos lavou as mãos e disse à multidão: "Estou inocente do sangue deste homem; a responsabilidade é de vocês" (27.24). Lucas (23.6-12) afirma que Pilatos estava tão perturbado que enviou Jesus ao rei Herodes Antipas, governador da Galileia, que, por acaso, estava em Jerusalém. Embora tenha tratado Jesus "com desprezo" (v. 11, *Almeida Revista e Atualizada*), Herodes (filho de Herodes, o Grande) também não viu razão para matar Jesus e o mandou de volta. João conta que Pilatos mandou açoitar Jesus, na esperança de que a multidão ficasse satisfeita ao vê-lo em frangalhos, todo ensanguentado. "Eis o rei de vocês", ele disse. "Devo crucificar o rei de vocês?" (19.14,15). João explica que umas cinco ou seis vezes Pilatos tentou encontrar uma forma de evitar a crucificação de Jesus, mas o povo não quis saber.

Até o fim, Pilatos teve autoridade e disposição para soltar Jesus. Contudo, depois de toda a sua hesitação, de toda a sua resistência à ideia de crucificar Jesus, chegamos a uma das frases mais tristes no relato da paixão de Cristo: "Desejando agradar a multidão, Pilatos soltou-lhes Barrabás, mandou açoitar Jesus e o entregou para ser crucificado" (Marcos 15.15). *Pilatos desejava agradar a multidão.* Ele sabia que estava errado. Tinha poder para dar um basta naquilo tudo. Mas o apelo da multidão foi tão convincente quanto o apelo dos líderes que convenceram alguns membros do Sinédrio, os quais, possivelmente, teriam questionado sua participação na morte de Jesus. Pilatos mandou crucificar Jesus só para satisfazer o clamor do populacho inconstante e turbulento a sua frente.

Você se vê em Pôncio Pilatos? Sem dúvida nenhuma, todos nós já representamos esse papel. Conhecemos o apelo do grupo desde a infância. Como adultos, sentimos esse apelo de várias formas — em nosso desejo de aceitação, no medo de sermos ridicularizados e rejeitados. A incapacidade de pensar por nós mesmos nos faz calar quando deveríamos falar, e então fazemos ou apoiamos coisas que sabemos estar erradas.

O que você já fez de errado, sabendo que estava errado, simplesmente porque "a multidão" clamava para que o fizesse? Até onde você estaria disposto a chegar se a pressão fosse intensa o bastante? E quem é sua multidão? Há pouco tempo um rapaz veio conversar comigo. Ele estava na faculdade e acabou nas garras das drogas, do álcool e de outras coisas. Era um excelente garoto, e eu quis saber o que havia acontecido. Simples: todos os seus novos amigos estavam envolvidos nessas coisas; como Pilatos, o jovem havia decidido "agradar a multidão".

Todos nós passamos por isso. A sociedade em geral caminha na mesma direção, e acabamos induzidos, agindo conscientemente de maneira errada, fazendo coisas que sabemos estar contra a vontade de Deus. Parte da importância de nos reunirmos como igreja é que pelo menos uma hora por semana nos cercamos de gente que deseja seguir Cristo. É muito bom estar com pessoas que pensam como nós e nos encorajam. Buscamos força uns nos outros para continuar no caminho certo. Esse grupo, assim como os amigos do jovem que me procurou, tem voz forte, difícil de resistir. O grupo pode influenciar-nos tanto para o bem quanto para o mal; assim, é de suma importância, mesmo que só durante uma hora aos domingos, estarmos cercados de amigos que partilhem de nossos valores, nossas convicções e nossa fé.

Em um país no qual possivelmente nunca ninguém será preso por ser cristão, nunca será morto por seguir Jesus, você está pronto a ser reconhecido como seguidor dele, mesmo que à custa de uma leve pressão?

5  A TORTURA E HUMILHAÇÃO DO REI

> *[Pilatos] mandou açoitar Jesus e o entregou para ser crucificado. Os soldados levaram Jesus para dentro do palácio, isto é, ao Pretório, e reuniram toda a tropa. Vestiram-no com um manto de púrpura, depois fizeram uma coroa de espinhos e a colocaram nele. E começaram a saudá-lo: "Salve, rei dos judeus!" Batiam-lhe na cabeça com uma vara e cuspiam nele. Ajoelhavam-se e lhe prestavam adoração. Depois de terem zombado dele, tiraram-lhe o manto de púrpura e vestiram-lhe suas próprias roupas. Então o levaram para fora, a fim de crucificá-lo. Certo homem de Cirene, chamado Simão, pai de Alexandre e de Rufo, passava por ali, chegando do campo. Eles o forçaram a carregar a cruz. Levaram Jesus ao lugar chamado Gólgota, que quer dizer lugar da Caveira. Então lhe deram vinho misturado com mirra, mas ele não o bebeu. (Marcos 15.15b-23)*

SEXTA-FEIRA DE MANHÃ
8 HORAS
FORTALEZA DE ANTÔNIA

Vale a pena estender-nos um pouco mais nas últimas horas antes da crucificação de Jesus, tentando compreender com mais clareza a tortura que ele sofreu e o que ela significa para nós que procuramos segui-lo. Os Evangelhos diferem um pouco em seus relatos a respeito dessas últimas horas. Lucas não fala nem do açoite nem da zombaria que Jesus sofreu nas mãos dos soldados romanos, mas só ele menciona que Pilatos enviou Jesus a Herodes Antipas, filho de Herodes, o Grande, e governador da Galileia, região à qual Jesus pertencia. Herodes estava em Jerusalém na ocasião, e Pilatos procurou transferir para ele a responsabilidade de um veredito. Lucas conta que Herodes interrogou Jesus a fundo; quando Jesus se recusou a responder, Herodes o tratou com desprezo, zombou dele e vestiu-o com "um manto esplêndido" (Lucas 23.11) antes de mandá-lo de volta a Pilatos, que o sentenciou à crucificação.

O evangelho de João, o mais conhecido do público em geral e que serviu de base para o filme *A Paixão de Cristo*, de Mel Gibson, conta que Pilatos mandou Jesus ser açoitado antes de condená-lo. A impressão é que Pilatos esperava que os líderes judeus achassem que a surra era castigo suficiente e parassem de pedir a crucificação de Jesus. Os soldados açoitaram e ridicularizaram Jesus, enfiaram uma coroa de espinho em sua cabeça e colocaram um manto de púrpura sobre seus ombros antes de levá-lo, ensanguentado e humilhado, de volta a Pilatos. Este apresentou Jesus à multidão; no entanto, sem dó nem piedade, o povo pediu a crucificação.

Mateus e Marcos dizem que Jesus foi açoitado e, *então,* conduzido pelos soldados romanos à residência do governador, onde escarneceram dele e o humilharam antes de levá-lo para ser crucificado. Todos, menos Lucas, concordam que Jesus foi açoitado, e todos os quatro Evangelhos falam — ao menos de passagem — da zombaria e da humilhação que ele sofreu. Neste capítulo, examinaremos mais detalhadamente o que é mencionado pelos evangelistas.

TORTURA FÍSICA: AÇOITE

O castigo por açoite era comum nos dias de Jesus. Os judeus, assim como os romanos, faziam uso dessa forma de castigo. Açoitar é golpear alguém com um chicote ou vara como forma de punição ou tortura. As velhas cintadas, que geralmente eram dadas em crianças antes que o conceito do "cantinho do castigo" entrasse na moda, eram uma forma

24 horas que transformaram o mundo

de açoite. No passado, muitas prisões americanas praticavam o açoite, que também foi usado pelo Exército durante a Guerra da Independência dos Estados Unidos. Muitos países ainda praticam o açoite; a mídia noticiou que recentemente no Irã um homem foi açoitado publicamente pouco antes de ser morto.

Os romanos usavam uma forma mais leve de açoite para criminosos menos perigosos; no entanto, quando queriam instilar pavor, usavam métodos tão brutais que só os espectadores mais durões não abandonavam a cena. Como podemos imaginar, essas surras eram um poderoso meio de intimidação. Em uma forma de açoite romano, a vítima era despida, inclinada sobre um tronco e amarrada pelas mãos. Dois lictores (guardas romanos especialmente treinados na arte de infligir dor por meio de açoite) se revezavam em aplicar as chicotadas. O *flagrum*, ou chicote, era feito de tiras de couro trançadas com pedaços de pedra, metal, vidro, osso ou outros objetos pontiagudos desenhados especialmente para rasgar e machucar a pele. Existia um tipo de chicote chamado "escorpião", em forma de garras, que era ainda mais eficiente para arrancar a pele dos ossos. Eusébio, historiador da Igreja que viveu no século III, explicou que, muitas vezes, nos açoites romanos "as veias do supliciado ficavam descobertas e até os músculos, tendões e intestinos eram expostos".[1] Algumas vezes os prisioneiros morriam antes mesmo de chegar ao local da crucificação. No entanto, parte da crueldade natural do flagelo é que essas mortes eram exceções. O açoite era aplicado para causar dores e ferimentos incríveis, mas deixava a vítima com força suficiente para caminhar até a cruz, onde seria executada.

Os relatos da tortura e humilhação de Jesus seguem de perto Isaías 50.6, parte de um dos cânticos do "servo sofredor"; para os primeiros cristãos esses cânticos previam os sofrimentos de Jesus nas mãos dos romanos. Estes são os versículos que povoariam a mente de Jesus quando ele enfrentou os soldados:

---

[1] **Nicene and Post-Nicene Fathers, Second Series**. Hendrickson Publishers, 1999. Vol. 1. p. 189.

Ofereci minhas costas
   àqueles que me batiam,
meu rosto àqueles
   que arrancavam minha barba;
não escondi a face da zombaria
   e dos cuspes. (Isaías 50.6)

Alguns estudiosos acreditam que textos iguais a este se referem à nação de Judá, personificada na figura do servo sofredor. No entanto, muitos versículos relacionados ao servo sofredor parecem transpor Judá e chegar ao que Jesus experimentou nesse dia horroroso. Para mim, alguns dos cânticos do servo em Isaías só fazem sentido em referência a Jesus.

TORTURA EMOCIONAL: HUMILHAÇÃO

Jesus não implorou misericórdia. Não reagiu, em momento algum, como se esperava de alguém sendo chicoteado, e isso, é claro, enfureceu os soldados que ministravam o castigo. Não se contentaram em rasgar-lhe a carne. Decidiram desumanizá-lo, esmagar seu espírito. Marcos conta: "Os soldados levaram Jesus para dentro do palácio [...] e reuniram toda a tropa" (15.16). Normalmente uma tropa era constituída de 300 a 600 soldados. O contingente inteiro, talvez todos os soldados posicionados na Fortaleza de Antônia, divertiu-se à custa do prisioneiro que se dizia rei e havia sido acusado de tentar liderar uma rebelião contra o imperador.

Mateus conta que os soldados despiram Jesus, deixando-o exposto e vulnerável, um homem ensanguentado e fraco rodeado pela nata de Roma — os escudos, as espadas e as armaduras testemunhavam a força e a determinação do império. Afinal, o imperador romano era rei do mundo inteiro; os soldados mostrariam àquele prisioneiro o que achavam de sua pretensão.

Eles decidiram organizar uma coroação escarnecedora; levaram uma túnica a Jesus, provavelmente de um dos próprios soldados. Mateus afirma que era vermelha. Marcos, que era púrpura, a cor da realeza.

24 horas que transformaram o mundo

Até hoje, púrpura é a cor litúrgica dos períodos do Advento, quando celebramos o nascimento do Rei, e também da Quaresma, quando a Igreja se prepara para recordar sua morte. Não importa a cor, não era uma túnica que escondesse a nudez de Cristo. Jogada em seus ombros, cobria apenas suas costas ensanguentadas. Os soldados acharam que o novo rei precisava também de uma coroa e torceram um ramo de espinheiro em formato quase oval, imitando a coroa de louro usada pelo imperador. Depois, numa coroação sarcástica, enfiaram a coroa na cabeça de Jesus de modo que os espinhos penetraram sua carne.

"Salve, rei dos judeus!" (Mateus 27.29; Marcos 15.18; João 19.3), exclamavam, saudando-o. Mateus conta que puseram uma vara — provavelmente uma taboa — nas mãos de Jesus como se fosse um cetro, para imitar o bastão de autoridade real. Os soldados cercaram Jesus, cuspiram nele e estapearam seu rosto. Usaram a vara para espancá-lo, não tanto para causar dor, mas para humilhá-lo ainda mais. Alguns se ajoelharam aos seus pés e continuaram a saudá-lo: "Salve, rei dos judeus!".

É nesse retrato, nesta brincadeira vergonhosamente cruel e desumana à custa de um homem torturado, que nos devemos prender; é nele que obtemos uma visão clara e trágica do que a humanidade fez quando Deus se tornou carne e habitou entre nós. Com uma única palavra, Jesus poderia ter acabado com todos eles. Em vez disso, deixou-se envergonhar e humilhar, para que todos os que viessem depois dele aprendessem um pouco, com essa história, sobre a condição humana e o alto preço da graça de Deus.

Temos de nos perguntar por que os soldados fizeram tudo isso. Por que torturaram Jesus? Por que o humilharam? Esse homem havia amado os perdidos. Havia anunciado as boas-novas do Reino de Deus. Havia curado os enfermos. Havia dado vista aos cegos. Claro que ele também tinha desafiado a autoridade e revelado a hipocrisia dos líderes religiosos.

Que tipo de gente era aquela? Em todas as partes da história encontramos pessoas que fizeram coisas inacreditáveis: o Sinédrio exigiu a morte de Cristo; a multidão gritou pedindo que ele fosse crucificado;

Pôncio Pilatos condenou-o só para satisfazer a multidão, e os soldados romanos se divertiram em arrancar-lhe a carne dos ossos, cuspir em seu rosto e humilhá-lo.

Será que todas aquelas centenas de soldados eram gente perversa? Ou será que, no papel de ocupantes de um país estrangeiro, viviam conscientes do desejo que os nativos tinham de se livrar deles, e isso lhes aflorava a desumanidade?

O MAL DENTRO DE NÓS

Ao ler e reler a descrição que os Evangelhos fazem dos soldados despindo e atormentando Jesus, vieram-me à mente as fotos que vi da prisão de Abu Ghraib, na qual durante a guerra no Iraque soldados norte--americanos despiram iraquianos, zombaram deles, humilharam todos e ainda fotografaram tais proezas. O que leva homens e mulheres a agir dessa forma? Eram pessoas más, ou, de alguma forma, as circunstâncias as levaram a esse comportamento? Será que não há momentos em que nós, na pele de gente comum, perdemos a humanidade e, tomados pelo medo, acabamos favorecendo políticas e práticas que em outras e melhores circunstâncias teríamos combatido?

No trajeto até aqui, convidei o leitor a se enxergar na história e agora o convido a se ver nos soldados romanos. Isso nos levará a reconhecer que no decorrer da história mundial os seres humanos têm cometido desumanidades uns com os outros. Embora dolorosa, essa é a história de nossa existência. Nos dias de Noé, Deus ficou tão triste com a maneira violenta pela qual as pessoas tratavam umas às outras que destruiu a terra com um dilúvio. É fácil dizermos: "Eu nunca faria o que aquele povo fez. Eu jamais seria um dos soldados romanos que se divertiram em escarnecer, surrar e aterrorizar um homem inocente". Precisamos ter cuidado com tais afirmações.

Em 1971, Philip Zimbardo, psicólogo da Universidade de Stanford, conduziu uma pesquisa para a Marinha dos Estados Unidos sobre o comportamento de prisioneiros. Zimbardo e seus colaboradores transformaram o porão da faculdade de psicologia de Stanford num cárcere e contrataram 24 estudantes da universidade, todos pertencentes à classe média; aleatoriamente escolheram 12 como guardas e 12 como prisioneiros. Estes foram detidos e levados à "prisão" em que seriam observados, junto com os guardas, durante catorze dias. No entanto, a experiência teve de ser cancelada no sexto dia porque os estudantes escolhidos para serem guardas incorporaram seu papel com tanto entusiasmo que começaram a agredir e atormentar os colegas prisioneiros. Esqueceram-se de que se tratava de um experimento.[2]

Zimbardo passou as três décadas seguintes analisando os resultados e estudando o que poderiam significar em outras áreas. Ele descobriu que todos nós temos a capacidade de nos transformar de médicos em monstros.[3] O psicólogo entrevistou uma mulher de Ruanda que havia convencido os líderes de sua tribo de que os vizinhos — pessoas com as quais ela havia crescido e a quem conhecia desde sempre — eram inimigos e precisavam ser dizimados. A mulher matou os filhos de uma amiga de longa data e depois matou a amiga. Ela não soube explicar como e por que isso aconteceu. Sentia vergonha do que tinha feito, mas, de alguma forma, havia sofrido aquela transformação.[4]

Em 1963, Stanley Milgram da Universidade de Yale (Princeton, EUA) convidou transeuntes que passavam em frente à universidade para entrar e participar de uma pesquisa científica. Cada pessoa recebeu 4 dólares por uma hora de trabalho. Nesse período, ficariam diante de medidores e botões de ajuste e dispensariam choques quando alguém em outra sala não acertasse as respostas das perguntas que lhes eram feitas. O objetivo da pesquisa era descobrir até onde as pessoas iriam se alguém em

---

[2] WIKIPEDIA. Disponível em: <http://en.wikipedia.org/wiki/Stanford_prision_experiment>. Acesso em: 30 mar. 2006.

[3] O autor se refere ao romance do escocês Robert Louis Stevenson, de 1886, traduzido para o português com o título *O médico e o monstro*. O filme, de título homônimo, foi produzido em 1941. A história se passa com um médico que, após beber uma fórmula inventada por ele mesmo, vê aflorar o seu lado perverso. [N. do. T.]

[4] ZIMBARDO, Philip. **Transforming People Into Perpetrators of Evil.** Disponível em: <http://www.sonoma.edu/users/g/goodman/zimbardo.htm>. Acesso em: jun. 2009.

posição de autoridade dissesse que aumentassem a força do choque até que este alcançasse níveis praticamente fatais. Na realidade, ninguém estava recebendo choque nenhum, mas os participantes não sabiam disso, pois não viam, apenas ouviam, as pessoas a quem supostamente estavam aplicando os choques. Antes do experimento, os pesquisadores estimavam que somente 1% da população americana administraria o que achava ser dose letal de eletricidade. Mas descobriram que 65% dos participantes se mostraram dispostos a elevar a carga elétrica a 450 volts, apesar dos supostos gritos de dor vindos da sala ao lado. Mesmo depois de os gritos silenciarem, os participantes ainda estavam dispostos a continuar dando os choques pelo fato de uma autoridade ter dito que era preciso completar o experimento. *Sessenta e cinco por cento!*[5]

Quando Zimbardo analisou a pesquisa de Milgram e sua própria pesquisa, reconheceu vários paralelos históricos. Você já se perguntou o que havia de tão diferente nos alemães das décadas de 1930 e 1940? Eles eram tão diferentes das pessoas de hoje, de mim e de você? Por que tantas pessoas comuns se dispuseram a matar seus vizinhos judeus em determinadas circunstâncias?

Pessoas comuns podem ser persuadidas a fazer coisas extraordinárias e terríveis. Recebendo a combinação certa de ideologia, autoridade e insensibilidade gradual, todos podemos transformar-nos em monstros, capazes de destruir nossos semelhantes com armas que vão de palavras a câmaras de gás. É uma verdade que temos de enfrentar e da qual precisamos prevenir-nos, focando nossa atenção em Deus e procurando entender quem ele quer que sejamos.

ELES O LEVARAM PARA SER CRUCIFICADO

Quando os soldados terminaram de surrar Jesus, vestiram-lhe suas roupas e levaram-no da fortaleza de Pilatos para a colina rochosa na qual ele seria crucificado. Em latim o nome do local é Calvário — *Calvaria*

---

[5] ZIMBARDO, op.cit.

significa "caveira" — e Gólgota é o equivalente em aramaico. O nome "lugar da Caveira" talvez tenha surgido por causa das caveiras dos criminosos que haviam sido mortos ali — geralmente os corpos eram largados na cruz para serem devorados pelos abutres e cães — ou simplesmente porque a encosta da colina lembrava uma caveira. Em Jerusalém, nos dias de hoje, os turistas são levados a dois possíveis locais da colina. O lugar que aguça a imaginação da maioria dos visitantes é o que tem menos probabilidade de ser o verdadeiro. É conhecido como o "Calvário de Gordon" em homenagem ao general britânico Charles Gordon, que o indicou como o lugar da crucificação após visitar a Palestina entre 1882 e 1883. É uma saliência rochosa com vista para uma garagem de ônibus, mas sua formação lembra uma caveira. Ali perto, Gordon descobriu um túmulo antigo que foi rapidamente aceito como o possível local do sepultamento de Jesus.

A provável localização do Gólgota, atestada pela igreja primitiva, fica dentro da Igreja do Santo Sepulcro. Os visitantes sobem um lance de escada no topo da colina e chegam a uma capela construída sobre uma formação rochosa de aproximadamente 5 metros de altura. Uma redoma de vidro cobre o topo da formação, sobre a qual foi construído um altar. Acredita-se que três buracos teriam sido escavados no topo da colina para sustentar as três cruzes. Ao entrar na capela, muitos fiéis procuram o local mais sagrado do edifício, o altar; ali, ajoelham-se e engatinham para tocar a pedra na qual, dizem, Jesus foi crucificado. Aproximar-se em devoção, parar e refletir sobre a história, enquanto sua mão toca o lugar da crucificação, é uma experiência inesquecível. Corremos o risco de achar que as histórias que lemos tantas vezes são mitos ou contos de fadas. Visitar um lugar assim nos faz sentir claramente que tudo aconteceu de verdade, que Deus habitou entre nós em forma humana e aqui sofreu e morreu.

O Calvário fica a uns quinhentos metros de onde se localizava o palácio de Pilatos. No estado enfraquecido em que Jesus se encontrava, a caminhada deve ter levado uma meia hora. João conta que Jesus carregou a própria cruz — provavelmente só a viga mestra, pois a vertical já devia estar no local das execuções. Obrigar Jesus a levar a cruz até o local da crucificação deu aos romanos mais uma oportunidade de humilhá-lo e infligir-lhe sofrimento emocional. Mateus, Marcos e Lucas — diferentemente de João — afirmam que Simão de Cirene carregou a cruz. É fácil conciliar as duas versões se imaginarmos Jesus carregando a viga por umas centenas de metros até que seu corpo desidratado e enfraquecido não tivesse mais condições de prosseguir.

Cirene era uma cidade no norte da Líbia, e provavelmente Simão era um judeu que estava em Jerusalém para a celebração da Páscoa quando foi obrigado a ajudar. Quando ele e Jesus se aproximavam do Gólgota, ou talvez quando já estivessem lá, alguém ofereceu a Jesus um cálice de vinho misturado com mirra (Marcos 15.23). Acredita-se que a mirra servia de analgésico, algo para minimizar a dor; assim, esse deve ter sido um gesto de compaixão para ajudá-lo a enfrentar a parte mais terrível da agonia. Essa é a segunda vez que lemos sobre a mirra nos Evangelhos (veja Mateus 2.11). Maria, mãe de Jesus, vendo esse gesto, deve ter recordado a cena em que a planta foi mencionada pela primeira vez: quando seu filho nasceu, foi presenteado com mirra. Um presente estranho oferecido pelo mago, mas agora Maria percebeu que era profético.

Embora Jesus estivesse sem comer e beber desde a última ceia, recusou-se a tomar o analgésico. Foi como se precisasse afirmar: "Suportarei o impacto total do que estou prestes a fazer. Não atenuarei a dor com remédio nenhum". Ele sofreu por nossa redenção. O sofrimento era parte do plano de Deus para ele e para o mundo, e Jesus estava determinado a vivenciá-lo plenamente.

O PODER DO AMOR SACRIFICIAL

Os cristãos acreditam que o sofrimento e a morte de Jesus, como ele ensinou claramente, foram os instrumentos de salvação da humanidade. Por meio deles, homens e mulheres receberiam perdão, redenção e justificação perante Deus. No capítulo anterior, examinamos uma teoria

24 horas que transformaram o mundo

sobre a expiação de Cristo: a teoria da substituição, que afirma que ele sofreu e morreu em lugar de todos que confiariam nele como Salvador. Jesus morreu em nosso lugar, tomando sobre si o pecado e o castigo que merecemos por transgredir a vontade de Deus. Examinaremos agora outra teoria: a teoria subjetiva ou da influência moral da expiação.

Essa teoria afirma que a essência da expiação não é transformar Deus nem nos facilitar seu perdão. Ao contrário, tem a ver com a minha e a sua transformação. O sofrimento, a morte e a ressurreição de Jesus fazem parte do drama divino produzido para comunicar a Palavra de Deus à humanidade, abrir nossos olhos para a necessidade de redenção e perdão, mostrar-nos a magnitude do amor de Deus e levar-nos ao arrependimento. Os primeiros versículos do evangelho de João se referem a Jesus como a Palavra de Deus. Jesus, a Palavra em forma de carne, foi o instrumento que Deus usou para se comunicar conosco. Em Jesus, a natureza divina se uniu à carne humana para revelar seu caráter, seu amor e sua vontade para os seres humanos.

O que Deus queria com o sofrimento e a morte de Jesus? Os acontecimentos que cercaram as últimas 24 horas da vida de Jesus no mundo revelam primeiramente a decadência da humanidade. Como já vimos, cada um dos participantes dessa tragédia é um reflexo de tal ruína. Os discípulos dormiram e, quando Jesus foi preso, fugiram de medo. Judas traiu o Mestre. Pedro o negou. O Sinédrio pediu sua morte. As multidões queriam um messias que pregasse violência, e não alguém que pregasse amor. O governador preferiu satisfazer a multidão, e os soldados se divertiram em torturar e acabar com a dignidade de um inocente.

A história do que os seres humanos fizeram quando Deus habitou entre nós é uma acusação contra a humanidade. Temos de nos encontrar nessa história e ficar comovidos com seu final trágico. Precisamos perceber que há algo profundamente errado conosco, que estamos arruinados e precisamos de perdão.

Visitei várias vezes o Museu Nacional do Holocausto, em Washington, DC. Levei minhas duas filhas para verem as fotos, o vídeo e as exposições

A tortura e humilhação do Rei

que documentam as atrocidades cometidas sob as ordens da "solução final" de Hitler. O museu é um testemunho da desumanidade brutal dos nazistas, mas é também um testemunho da cumplicidade de milhões de pessoas na Europa, incluindo muitos líderes da Igreja, que se recusaram a enfrentar a maldade. Até mesmo os Estados Unidos, que foram decisivos na derrota de Hitler, recusaram-se a receber grande número de judeus imigrantes da Europa na ocasião em que os nazistas implantavam a "solução final". O Holocausto é uma acusação não apenas contra os nazistas, mas contra toda a raça humana.

Minhas filhas e eu caminhamos em silêncio após visitar o museu. Profundamente emocionados, perturbados e condenados pelo que vimos. Este é o objetivo do Museu do Holocausto: afetar os visitantes tão profundamente para que saiam de lá decididos a não permitir que isso jamais se repita.

Da mesma forma, a teoria subjetiva ou da influência moral da expiação sugere que o sofrimento e a morte de Cristo devem afetar profundamente quem ouve a história. O sofrimento e a morte de Jesus têm o objetivo de ser um espelho diante de nossa alma, uma recordação da inveja, da pequenez, do egocentrismo, da cegueira espiritual e da escuridão que se ocultam em nós. Temos de ler os relatos que o Evangelho faz da tortura, humilhação e crucificação de Jesus e decidir: "Nunca mais!", ou pedir: "Deus, salve-nos de nós mesmos. Senhor, tenha misericórdia de nós!". Os relatos precisam levar-nos ao arrependimento.

No entanto, a ruína da humanidade não é a única coisa que devemos perceber nessa história. Precisamos ver também o amor daquele que sofreu por nós, assim como sua decisão de nos salvar de nós mesmos e de nossos pecados. O sofrimento e a morte de Jesus não foram acidentais. Ele sabia que o caminho escolhido terminaria em sua Paixão. Suportou o chicote, a coroa e a cruz com determinação, silêncio e dignidade. Postou-se nu como se dissesse: "Você entende agora a abrangência do amor do Pai? Compreende que eu vim para que você finalmente ouça sobre o amor que está disposto a sofrer e, acredite, até morrer para o conquistar?".

Jesus revelou um amor que se recusa a ceder à vingança ou a desistir. Ele está determinado a amar o inimigo para lhe conquistar liberdade e lhe restaurar o relacionamento que tem por direito como filho amado e amigo. Paulo afirma em Romanos 5.8: "Mas Deus demonstra seu amor por nós: Cristo morreu em nosso favor quando ainda éramos pecadores"; e João 3.16 diz: "Porque Deus tanto amou o mundo que deu o seu Filho Unigênito, para que todo o que nele crer não pereça, mas tenha a vida eterna". A cruz revela a extensão completa do amor de Deus.

Devemos observar no sofrimento e morte de Jesus mais uma palavra que tem a ver com a natureza do amor sacrificial. Jesus nos deu o exemplo de amor que por si só tem o poder de desviar a humanidade de seus caminhos autodestruidores. O amor sacrificial transforma os inimigos em amigos, constrange o culpado a se arrepender e derrete corações de pedra. O mundo é transformado pelas verdadeiras demonstrações do amor sacrificial e pelas atitudes abnegadas de serviço ao próximo.

Em novembro de 2004, Tammy Duckworth, uma reservista convocada a lutar no Iraque, estava pilotando um helicóptero Black Hawk quando foi atingida por um lança-granadas; a bomba explodiu em seus pés, arrancando-lhe as pernas e esmagando-lhe um braço. Quando o helicóptero despencou e atingiu o solo, parecia que Tammy estava morta. Os soldados que estavam com ela no helicóptero sabiam que o inimigo vinha aproximando-se e que a captura significava morte certa, mas se recusaram a deixar a companheira para trás. Esforçaram--se para retirá-la do helicóptero, depois a carregaram por um mato de quase 2 metros de altura, arriscando a própria vida para levar Tammy dali. Quando finalmente se encontraram em segurança, notaram que, apesar de a moça ter perdido metade do sangue do corpo inteiro, estava milagrosamente viva. Tammy se recuperou, passou a usar próteses e,

A tortura e humilhação do Rei

hoje, tem completa mobilidade. Mais tarde, foi nomeada diretora do departamento que cuida dos interesses dos veteranos de guerra do estado americano de Illinois. Em 3 de fevereiro de 2009, Tammy Duckworth foi nomeada secretária assistente do departamento nacional que cuida dos interesses públicos e intergovernamentais dos veteranos. O Senado americano confirmou sua nomeação em 22 de abril do mesmo ano. Quando perguntaram como ela se sentia a respeito do enorme risco enfrentado pelos companheiros para salvá-la, a major Duckworth respondeu: "Todos os dias você precisa decidir-se a viver de maneira digna desse esforço e sacrifício".[6]

Esse é o poder do amor sacrificial, e é exatamente isso o que a cruz de Cristo nos deve inspirar a fazer. Devemos olhar para a cruz de Cristo e decidir: "Tenho de lutar para viver de modo digno desse sacrifício". Devemos ser transformados pela expiação de Cristo e, por nossa vez, pôr em prática o amor sacrificial ao lidar com os outros. Conforme cada seguidor de Cristo puser esse amor em prática, o mundo será mudado, e a humanidade será transformada.

O LEGADO DE SIMÃO

Antes de falar sobre a crucificação de Jesus, eu gostaria de, mais uma vez, chamar sua atenção para Simão de Cirene, que foi obrigado a carregar a cruz. Será que esse visitante da Líbia era simplesmente um transeunte que estava no lugar errado na hora errada, ou era alguém que assistia ao sofrimento injusto de Cristo? Será que já não era um seguidor de Jesus que arriscou a própria vida para ajudá-lo?

Não sabemos se Simão era seguidor de Jesus antes do encontro, porém Marcos dá a entender que daquele momento em diante o homem passou a seguir Jesus; carregar a cruz o afetou profundamente. Marcos 15.21 registra: "Certo homem de Cirene, chamado Simão, pai de Alexandre e de Rufo, passava por ali, chegando do campo. Eles o

---

[6] NPR, Morning Edition. Disponível em: <http://www.npr.org/templates/story/story.php?storyId=5308074>. Acesso em: 29 mar. 2006.

forçaram a carregar a cruz". O fato de Marcos citar nominalmente os filhos de Simão, enquanto Lucas e Mateus não o fazem, indica que os leitores de Marcos — os cristãos de Roma aproximadamente trinta e seis anos depois — conheciam Alexandre e Rufo. Por essa época, sem dúvida alguma, Simão já havia morrido. Em Romanos 16.13, Paulo se dirige aos cristãos de Roma apenas alguns anos antes de Marcos escrever seu Evangelho e pede: "Saúdem Rufo, eleito do Senhor, e sua mãe, que tem sido mãe também para mim". Parece que esse Rufo era o filho de Simão. Agora ele era um líder da igreja, "eleito no Senhor", e sua mãe tinha um relacionamento carinhoso com Paulo. Aparentemente Simão ficou tão comovido com a experiência de sofrer tão perto de Jesus, de carregar sua cruz e vê-lo ser crucificado, que se tornou o primeiro cristão transformado pela influência moral da expiação. Seu coração foi tocado pelo sofrimento de Jesus, e ele resolveu segui-lo. Sua esposa e seus filhos também se tornaram discípulos de Jesus.

Onde você se encaixa na parte da história que examinamos neste capítulo? Você se vê retratado no comportamento dos soldados? Eles se ajoelharam diante de Jesus e exclamaram: "Salve, rei dos judeus!", mas em seu coração zombavam de Cristo. Esses homens amavam o poder, divertiam-se provocando dor nos outros e, pensando bem, eram cegos. Perguntei a um amigo: "Você já zombou de Jesus por meio de palavras ou ações?", e ele respondeu: "Quando é que não zombo dele? Acho que passo a maior parte da vida zombando de Jesus, dizendo uma coisa sobre ele quando estou na igreja, mas geralmente escarnecendo-o com meus pensamentos e atitudes no decorrer da semana. Não vivo como se ele fosse o meu Rei". Você saúda Jesus como Rei no domingo e zomba dele com suas palavras e ações na segunda-feira?

No entanto, também temos de nos reconhecer em Simão. Ele viu Jesus sofrer e ficou tão comovido que passou a segui-lo, e décadas mais tarde, quando Simão já havia morrido, sua esposa e seus filhos continuavam a servir a Deus. É essa transformação que todos nós devemos buscar ao contemplarmos o sofrimento e a morte de Cristo.

6 A CRUCIFICAÇÃO

Eram nove horas da manhã quando o crucificaram. E assim estava escrito na acusação contra ele: O REI DOS JUDEUS. Com ele crucificaram dois ladrões, um à sua direita e outro à sua esquerda, e cumpriu-se a Escritura que diz: "Ele foi contado entre os transgressores Os que passavam lançavam-lhe insultos, balançando a cabeça e dizendo: "Ora, você que destrói o templo e o reedifica em três dias, desça da cruz e salve-se a si mesmo!"

Da mesma forma, os chefes dos sacerdotes e os mestres da lei zombavam dele entre si, dizendo: "Salvou os outros, mas não é capaz de salvar a si mesmo! O Cristo, o Rei de Israel [...]. Desça da cruz, para que o vejamos e creiamos!" Os que foram crucificados com ele também o insultavam.

E houve trevas sobre toda a terra, do meio-dia às três horas da tarde. Por volta das três horas da tarde, Jesus bradou em alta voz: "Eloí, Eloí, lama sabactâni?", que significa "Meu Deus! Meu Deus! Por que me abandonaste?"

Quando alguns dos que estavam presentes ouviram isso, disseram: "Ouçam! Ele está chamando Elias".

Um deles correu, embebeu uma esponja em vinagre, colocou-a na ponta de uma vara e deu-a a Jesus para beber. E disse: "Deixem-no. Vejamos se Elias vem tirá-lo daí".

Mas Jesus, com um alto brado, expirou.

E o véu do santuário rasgou-se em duas partes, de alto a baixo. Quando o centurião que estava em frente de Jesus ouviu o seu brado e viu como ele morreu, disse: "Realmente este homem era o Filho de Deus!" (Marcos 15.25-39)

SEXTA-FEIRA
9 HORAS — 15 HORAS
GÓLGOTA, FORA DOS MUROS DE JERUSALÉM
"A MAIS DEPLORÁVEL DAS MORTES"

Chegamos à cruz.

Os romanos, como já vimos, usavam a crucificação como uma maneira de inspirar pavor no coração do povo; e fizeram isso durante oito séculos. Era uma morte terrível, e, depois de testemunhá-la, ninguém sonharia em infringir a lei romana. Sêneca afirmou que, se você soubesse que havia uma possibilidade de ser preso e crucificado, era melhor cometer suicídio.[1] Cícero chamou a crucificação de "castigo extremo e definitivo aplicado aos escravos" e "o castigo mais cruel e repulsivo".[2] Josefo chamou-a de "a mais deplorável das mortes".[3]

A crucificação era um método extremamente eficaz de combater o crime, pois acontecia ao longo das ruas principais para todo mundo ver. A trave vertical da cruz era deixada no local da crucificação. O criminoso, após ser açoitado, tinha de carregar a trave horizontal, que chegava a pesar quase 50 quilos. Geralmente o crucificado era deixado na cruz, ou seu corpo era retirado e largado no chão ao lado das traves, onde ficava até ser devorado por animais. Às vezes os corpos eram empilhados num lixão, e os ossos acabavam espalhados por lá, a não ser que entes queridos os recolhessem. Os romanos não permitiam que se levasse o corpo dos crucificados. Em Jerusalém, no entanto, os familiares podiam enterrar seus mortos após a crucificação.

O objetivo da crucificação era provocar o máximo de sofrimento durante o período mais longo possível. Muitas vezes os crucificados

---

[1] Seneca's Epistles, Volume CXI. Disponível em inglês em:<http://www.stoics.com/seneca_epistles_book_3.html>. Acesso em: 4 abr. 2006.

[2] Bible History on Line. Disponível em: <http://www.bible-history.com/past/flagrum.html>. Acesso em: 4 abr. 2006.

[3] Ibid.

A crucificação

ficavam pendurados alguns dias antes de morrer. Dependendo do que era conveniente aos romanos, os braços da vítima eram cravados na cruz pelos punhos, que eram considerados parte das mãos, ou eram amarrados com cordas à cruz. Parece que os pés eram sempre pregados na cruz. Geralmente os retratos da crucificação de Jesus mostram seus pés sobrepostos na frente da cruz, trespassados e presos à madeira por um cravo. Pesquisas recentes indicam que esse retrato deve ser modificado.

Em 1968, bem nos arredores de Jerusalém, foi encontrado um ossário, ou "caixa de ossos", pertencente a um homem de aproximadamente 27 anos identificado como Yehonnan. Pelo visto, os restos mortais eram do século I e incluíam um osso de calcanhar com um prego ainda se projetando dele e ossos de punho evidenciando os danos causados pela corda que aparentemente cortara a pele. Esse foi o primeiro conjunto de ossos encontrados com evidências claras de crucificação. O achado levou alguns estudiosos a revisar o retrato que faziam da crucificação. Passaram a acreditar que as pernas do supliciado eram dobradas e os calcanhares eram colocados um em cima do outro na frente da cruz e traspassados por um prego bem longo. Estudos posteriores se opõem até mesmo a esse novo retrato. O prego encontrado no osso do calcanhar de Yehonnan tinha cerca de 12 centímetros. Entre a cabeça do prego e o osso existem fragmentos de madeira que teria sido pressionada contra o pé da vítima — o prego atravessou primeiro a madeira, depois o osso e depois a cruz, mantendo o pé do crucificado no lugar. Ao examinar mais detalhadamente essa disposição, os estudiosos determinaram que o prego não era comprido o bastante para traspassar os dois pés e entrar na cruz. Isso os levou a achar que os pés do executado teriam sido pressionados contra os lados da cruz, e cada um foi traspassado por um prego. Provavelmente as pernas de Jesus foram cravadas na cruz dessa maneira; sabemos que seus braços foram pregados pelos punhos, não amarrados com cordas.

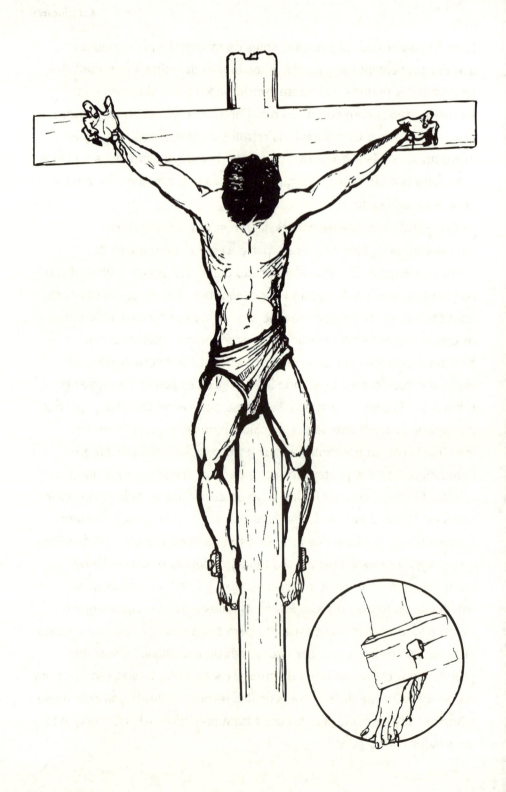

A crucificação

As pernas de Yehonnan foram quebradas, exatamente como João relata que aconteceu com as pernas dos ladrões crucificados ao lado de Jesus. Era um meio que os romanos ocasionalmente usavam para apressar a morte. Não sabemos exatamente como isso funcionava; talvez resultasse em coágulo sanguíneo, provocasse colapso ou estresse do organismo, ou dificultasse a respiração.

É comum imaginarmos o Jesus crucificado a uma altura considerável do chão, mas acredita-se agora que a maioria das cruzes não tinha mais de 3 metros de altura. Com o espaço deixado no topo da cruz para a placa que detalhava o crime do condenado, provavelmente seus pés não ficavam a mais de 1 metro do chão. Pendurado na cruz, Jesus estava a não mais que um metro distante de sua mãe, do discípulo João, dos soldados e daqueles que o insultavam. A distância era próxima o bastante para Jesus olhar direto nos olhos dessas pessoas, e elas olharem nos olhos dele. Eles estavam mais próximos do que a maioria de nós acredita. Para entender melhor, imagine-se em pé sobre uma cadeira ao lado de alguém em pé no chão — era essa a distância entre Jesus e as pessoas ao pé da cruz.

Alguns acreditam que a asfixia era a causa comum de morte entre os crucificados. Na cruz, era muito difícil respirar sem elevar o tronco, e, quanto mais cansada a pessoa ficava, mais dificuldade tinha para respirar. A respiração se tornava cada vez mais fraca, e, assim, a crucificação promovia uma morte lenta por asfixia. Outros acreditam que o acúmulo de líquido em volta do coração provocava insuficiência cardíaca. A perda de líquido e a subsequente desidratação também são vistas como possíveis causas da morte; o choque hipovolêmico também é considerado uma causa (intimamente ligada à desidratação e à perda de sangue e que apresenta, entre outros sintomas, aumento de agitação e ansiedade na vítima). Há pessoas que acham que todos esses fatores trabalhavam juntos. O que sabemos mesmo é que a crucificação era um método extremamente eficaz de torturar alguém por um longo período de tempo. Jesus, ensanguentado e nu, ficou pendurado na cruz dessa maneira por seis horas inteiras.

A EXPIAÇÃO COMO SACRIFÍCIO

Entendemos por que os líderes judeus, a multidão e os romanos queriam crucificar Jesus, mas por que Jesus aceita a morte de boa vontade e a abraça como parte de sua missão? E por que Deus enviou Jesus ao mundo, sabendo que isso iria acontecer?

Para os cristãos, a morte de Jesus na cruz é o evento histórico que Deus usou para oferecer salvação ao mundo. Paulo escreve em Romanos 5.6-11:

> De fato, no devido tempo, quando ainda éramos fracos, Cristo morreu pelos ímpios. Dificilmente haverá alguém que morra por um justo, embora pelo homem bom talvez alguém tenha coragem de morrer. Mas Deus demonstra seu amor por nós: Cristo morreu em nosso favor quando ainda éramos pecadores.
> Como agora fomos justificados por seu sangue, muito mais ainda, por meio dele, seremos salvos da ira de Deus! Se quando éramos inimigos de Deus fomos reconciliados com ele mediante a morte de seu Filho, quanto mais agora, tendo sido reconciliados, seremos salvos por sua vida! Não apenas isso, mas também nos gloriamos em Deus, por meio de nosso Senhor Jesus Cristo, mediante quem recebemos agora a reconciliação.

Nesse texto e no restante do capítulo 5 de Romanos, Paulo apresenta várias maneiras de pensarmos em como a morte de Jesus na cruz nos salva. Hebreus propõe outras ideias, as epístolas oferecem ainda outras, assim como os Evangelhos. Existe uma variedade de teorias sobre a expiação de Cristo. Até agora, estudamos duas: a teoria da expiação substitutiva, que afirma que Jesus assumiu nosso lugar, recebendo o castigo que a humanidade merecia por seu pecado, e a teoria da influência moral ou subjetiva da expiação, segundo a qual o sofrimento e a morte de Jesus revelam a profundeza do pecado humano e a amplitude

A crucificação

do amor de Deus, cujo propósito é levar-nos ao arrependimento e a um desejo profundo de seguir o Senhor. Examinaremos agora o que chamo de teoria da expiação da oferta sacrificial.

Já no início do capítulo 4 de Gênesis, lemos sobre pessoas entregando ofertas de sacrifício a Deus. Grãos de cereal, animais, vinho, azeite e ofertas em dinheiro eram apresentados a Deus pelos seres mortais como expressões de gratidão, devoção, amor e adoração. Ao entregar essas ofertas, os fiéis se uniam a Deus. Quando eu e a LaVon entregamos nossos dízimos e ofertas a Deus, não fazemos isso somente para contribuir com o orçamento da igreja nem para ganhar os favores de Deus. Embora nossas ofertas sejam uma expressão de nossa gratidão ao Senhor, representam muito mais que isso. Expressam nosso desejo de pertencer inteiramente a Deus, de honrá-lo, amá-lo e dar-lhe o primeiro lugar em nossa vida. Quando entregamos nosso dízimo e nossa oferta, estamos cultuando Deus. Em nossos relacionamentos, presenteamos as pessoas para mostrar-lhes nossa apreciação, nossa dedicação e nosso amor.

As ofertas sacrificiais são um modo de expressarmos contrição e arrependimento. Quando magoamos alguém, ficamos afastados da pessoa até que reconheçamos nossa transgressão, peçamos perdão e façamos tudo o que pudermos para consertar as coisas. Se você brigar com seu cônjuge e então perceber que o erro foi seu, o que faz? Talvez você lhe deixe um bilhete antes de sair para o trabalho e procure maneiras de abençoá-lo como uma expressão de arrependimento e o desejo de restabelecer o bom relacionamento entre vocês. Talvez você leve flores para sua esposa e peça-lhe perdão. Seja o que for, por meio dessas atitudes, você expia seus pecados. Não que você jamais será perdoado se não exibir uma dessas atitudes. Na verdade, quase sempre somos perdoados mesmo sem oferecer um presente a quem magoamos. No entanto, há ocasiões em que uma prova palpável de arrependimento faz uma grande diferença.

Da mesma forma, em nosso relacionamento com Deus, precisamos reconhecer nosso pecado, arrepender-nos dele e endireitar

24 horas que transformaram o mundo

nossos caminhos. No Antigo Testamento, Deus tomou providências para que as pessoas se retratassem e voltassem ao relacionamento certo com ele. Isso era feito por intermédio das ofertas pelo pecado ou das ofertas pela culpa. Se desrespeitasse a vontade de Deus, você lhe entregaria uma oferta e diria: "Ah, Senhor, sinto muito pelo que fiz. Por favor, aceite esta oferta como expressão de meu arrependimento. Perdoe-me e torne-me puro de novo". Ao fazer essa oferta, as pessoas se sentiam livres da culpa e eram restituídas ao bom relacionamento com Deus; como vemos, a oferta era uma parte regular da adoração.

Além disso, uma vez por ano, no Dia da Expiação — o Yom Kippur — eram oferecidos sacrifícios especiais. Antes de existir um templo, as pessoas se reuniam em uma tenda, na qual estava a sala do trono de Deus cercada por uma cortina. A arca da aliança, o trono de Deus, ficava dentro dessa sala. Uma vez por ano o sumo sacerdote deveria oferecer um bezerro como sacrifício por seus próprios pecados e pelos pecados de sua família. Ele deveria lavar-se e, então, sozinho, absolutamente sozinho, adentrar a cortina. Oferecia um bode em sacrifício a Deus a favor do povo, dizendo: "Senhor Deus, com o sangue deste bode, ofereço este sacrifício. Uma criatura viva morre para que tu perdoes esse povo. Suplico que perdoes o povo e esqueças seus pecados para sempre". Era um ritual marcante que revelava a seriedade do pecado e o desejo de Deus em perdoar. Esse sacrifício, aliado a inúmeras ofertas pela culpa, não era oferecido para desviar a ira de Deus, mas para expressar o arrependimento do povo e seu desejo de se reconciliar com o Senhor.

Depois que o bode era sacrificado pelos pecados do povo, o sacerdote pegava um segundo bode e punha simbolicamente os pecados do povo sobre o animal. O bode expiatório era então retirado da comunidade e levado para o deserto. O povo passava a entender que, assim como o bode havia ido embora e nunca mais seria visto, seus pecados também desapareceriam.

Na teoria da expiação sacrificial, vemos a crucificação de Jesus por meio das lentes do sistema sacrificial do Antigo Testamento. Em sua

A crucificação

morte, Jesus agiu como o Sumo Sacerdote representando a humanidade. Ao longo dos Evangelhos, Jesus refere a si mesmo como o Filho do homem, um título que mostra seu papel de "ser humano representativo". Era Deus encarnado, revelando-nos o próprio Deus, mas era também um ser completamente humano, representando a nova humanidade que refletia o que deveríamos ser como pessoas. Dessa forma, ele se tornou nosso sacerdote e nosso intercessor junto a Deus. Ofereceu um sacrifício a Deus para expiar o pecado da humanidade e reconciliar-nos com o Pai. Jesus não ofereceu um bode nem um bezerro, mas a si mesmo como Filho do homem e nosso Sumo Sacerdote. Em essência, ele disse: "Pai, por essas criaturas, tão pequenas, tão arruinadas, que são facilmente levadas a magoar umas às outras, por esses homens e mulheres que fazem maldades uns contra os outros e que deram as costas ao Senhor — por essas pessoas eu me ofereço a ti em expiação pelos pecados delas".

As Escrituras falam que o Filho de Deus, Jesus, está assentado à direita do Pai. Deixarei que outros expliquem a natureza exata da Trindade, e aqui direi simplesmente que Jesus Cristo está sempre com o Pai. Na presença do Pai, o autossacrifício de Cristo nunca é esquecido. Suas feridas são lembranças perpétuas do preço que ele se dispôs a pagar para restaurar o relacionamento dos seres humanos com Deus. Seu gesto magnânimo — seu sofrimento e sua morte em benefício da humanidade — foi um sacrifício expiatório em favor de todas as pessoas; e o Pai, em virtude do amor e autossacrifício do Filho, concede graça e misericórdia a todos os que aceitam o Filho como Sumo Sacerdote e Salvador. Deus Pai nos oferece perdão e graça não por causa de nossos próprios méritos, mas porque seu precioso Filho sofreu e morreu em favor da raça humana.

De novo, essa perspectiva da expiação indica que o sofrimento e a morte de Jesus na cruz representam o autossacrifício de Jesus, sua entrega em nosso lugar. Cristo se entregou completamente a Deus como uma oferta a nosso favor, para que obtivéssemos a misericórdia de Deus. Jesus está sempre com o Pai e, assim, está continuamente intercedendo

24 horas que transformaram o mundo

por nós. Ele é a oferenda perpétua da humanidade, e o Pai jamais poderá esquecer ou ignorar o sacrifício do Filho.

Há muito tempo, durante férias da família, minha filha caçula pegou todo o dinheiro que tinha para gastar na viagem e comprou um boné para mim como presente de aniversário. Ela não conseguia esconder sua alegria. Quando recebi o boné e percebi que minha filha havia gastado todo o seu dinheiro no presente, chorei de emoção. O boné era uma expressão de seu amor, uma expressão que incluía um sacrifício verdadeiro. A caçula já é adulta agora, mas ainda considero um tesouro aquele boné sujo, manchado e gasto. Sempre que o pego, sorrio e me lembro de quanto minha filha me ama. E estou falando de um simples boné. Na oferta sacrificial ao Pai, Jesus se entregou para nos dar o perdão e a misericórdia de Deus. As cicatrizes que os pregos deixaram nas mãos de Jesus são uma lembrança constante ao Pai do sacrifício que o Filho fez por nós. Sua oferta nos fez ganhar o favor de Deus.

Com essa perspectiva da expiação, examinamos três maneiras diferentes de entender como o sofrimento e a morte de Cristo oferecem salvação à humanidade inteira. No último capítulo deste livro, ao nos concentrarmos na Páscoa, examinaremos uma última teoria sobre a expiação de Jesus. O fato de o significado do sofrimento e da morte de Jesus estar aberto a diferentes interpretações, e de até mesmo os autores do Novo Testamento aparentemente o entenderem de maneiras diferentes, indica que Deus talvez tenha planejado que assim fosse. Os próprios autores dos Evangelhos deixaram claro que o sofrimento e a morte de Cristo foram primordiais à obra salvadora de Deus, mas não tentaram explicar exatamente como o sofrimento de Jesus traz salvação à humanidade.

De várias formas, parece que aos olhos de Deus o sofrimento e a morte de Cristo funcionam como uma obra-prima — falam de diferentes maneiras a diferentes pessoas em ocasiões diferentes da vida. Em minha própria vida tem sido exatamente assim. Quando me sinto profundamente envergonhado por algo que fiz, vejo Cristo como meu

A crucificação

substituto e sinto-me confortado pelo castigo que ele carregou em meu lugar. Outras vezes, vejo em seu sofrimento e em sua morte a natureza falha de minha própria vida; e continuo maravilhando-me com o amor de Deus que se recusa a me abandonar. A cruz de Cristo me convida, às vezes, a me entregar completa e desinteressadamente aos outros e à obra de Deus. Em outras ocasiões, vejo Cristo oferecendo-se a Deus em meu lugar, e sou tomado por gratidão e amor.

Não importa como você entenda a morte de Jesus, o fato de a obra expiatória de Cristo recuperar nosso relacionamento com Deus se torna claro por um pequeno detalhe nos relatos que Mateus, Marcos e Lucas fazem da crucificação. Marcos escreve: "Mas Jesus, com um alto brado, expirou. E o véu do santuário rasgou-se em duas partes, de alto a baixo" (15.37,38). Essa cortina separava o Santo dos Santos — a sala do trono de Deus — do restante do templo. Era atrás dela que o sumo sacerdote entrava sozinho, e somente uma vez por ano, para expiar os pecados do povo. Ao explicar que a cortina se rasgou de alto a baixo quando Cristo morreu, os autores do Evangelho introduzem a ideia de que em sua morte Jesus expiou nossos pecados como nosso Sumo Sacerdote. Ele rasgou o véu do templo que separava os seres humanos de Deus. Com sua morte, Cristo nos ofereceu reconciliação com Deus e expiação.

AS ÚLTIMAS PALAVRAS DE JESUS

Antes de deixar a crucificação, prestemos atenção especial às últimas palavras de Jesus. As últimas palavras de alguém à beira da morte têm valor especial. Já estive ao lado de moribundos, percebi mexerem os lábios com a pouca força que lhes restava para dizerem "eu te amo" ou se juntarem a mim na oração do Pai-nosso. Cada um dos Evangelhos relata uma ou duas frases de Jesus na cruz. Ele ficou pendurado ali durante seis horas e provavelmente disse outras coisas, mas as frases a seguir são as mais lembradas. Têm significado especial, e cada uma merece um capítulo próprio; consideraremos rapidamente cada uma

24 horas que transformaram o mundo

delas para ver o que nos ensinam a respeito do Senhor. Tratarei de cada uma na ordem que foram ditas, segundo imagino.

"AÍ ESTÁ A SUA MÃE" (JOÃO 19.27)

João conta que Jesus olhou da cruz e viu sua mãe ali perto. Imagino como ela deve ter chorado durante as seis horas de calvário. Pelo que sabemos, apenas um dos doze apóstolos estava aos pés da cruz: "o discípulo a quem ele amava", geralmente identificado como o próprio João. Enquanto Jesus agonizava na cruz, nu e com dores, não pensava em si mesmo, mas em sua mãe, que estava tão próxima que ele podia olhá-la diretamente nos olhos. Jesus se preocupava com o bem-estar dela depois de sua morte. É uma cena linda que revela tanto a humanidade de Jesus quanto a profundidade de seu amor pela mãe e pelo discípulo que escolheu para cuidar dela.

"PAI, PERDOA-LHES, POIS NÃO SABEM O QUE ESTÃO FAZENDO" (LUCAS 23.34)

Nunca um moribundo pronunciou palavras tão magníficas e majestosas. Foram repetidas por Estêvão, em Atos 7.60, quando ele estava sendo martirizado por sua fé. Da cruz, Jesus olhou para os soldados que disputavam suas roupas, para os sacerdotes que se dirigiam a ele com desprezo, para a multidão que o insultava, para os ladrões à direita e à esquerda que dele zombavam. Nesse momento, o mal que habita nos seres humanos foi visto em seu ápice. Sendo Deus, Jesus poderia ter mandado que legiões de anjos se vingassem de todo mundo. Em vez disso, ele se aprumou e com todas as forças restantes intercedeu em favor daqueles que escarneciam dele e dos que o haviam crucificado. "Pai, perdoa-lhes", Jesus orou, "pois não sabem o que estão fazendo". O que se passava em seu coração naquele momento era o fato de sermos criaturas cegas, tolas e dignas de pena; e na cruz Jesus pedia que Deus tivesse misericórdia de nós.

Como isso foi possível? Mais uma vez observamos a clareza da missão de Jesus. Sua morte teve um propósito. Mesmo enquanto os inimigos

A crucificação

zombavam dele e o submetiam à mais cruel das mortes, Jesus implorava que fôssemos perdoados. Vemos aqui Jesus, nosso Sumo Sacerdote, intercedendo por nós. Ele pediu que até seus torturadores fossem perdoados. Imagine o impacto dessas palavras na multidão. Será que, ao menos por um instante, o povo se calou e sentiu vergonha? Imagino que algumas pessoas nunca se tenham esquecido de quando Jesus pronunciou essas palavras.

"HOJE VOCÊ ESTARÁ COMIGO NO PARAÍSO" (LUCAS 23.43)

Dois ladrões crucificados pelos romanos estavam pendurados em cruzes próximas a Jesus, um de cada lado. Estavam morrendo de forma horrível, e mesmo assim um se juntou à multidão que zombava do homem em agonia no meio deles. Contudo, enquanto Jesus orava pelas pessoas que o crucificaram e escarneciam, o outro ladrão ouviu e ficou impressionado e envergonhado. De alguma forma, as escamas caíram de seus olhos, e ele entendeu que aquele não era um criminoso comum. Esse ladrão entendeu um pouco da essência de Jesus. O outro continuou a insultar Cristo, mas o primeiro o repreendeu: "Pare. Você não está vendo? Nós merecemos morrer. Este homem não merece. Ele é inocente" (paráfrase de Lucas 23.40,41). O ladrão voltou-se para Jesus e pediu: "Lembra-te de mim quando entrares no teu Reino" (23.42); mais uma vez, Jesus endireitou o corpo e respondeu: "Hoje você estará comigo no paraíso" (23.42). Essa cena me encanta. Jesus, pregado na cruz, continuava buscando os que estavam perdidos. Aquele ladrão não sabia nada de teologia. Não conhecia as Escrituras. Não recitou nenhum credo. Não se uniu a uma igreja nem foi batizado; não teve a chance de fazer nada certo nem de consertar sua vida. Estava pendurado na cruz por causa de seus crimes quando, de modo muito simples, vislumbrou o Reino de Cristo e perguntou se podia fazer parte dele; e isso foi o bastante. "Agora que sei quem é", ele disse com efeito, "gostaria de seguir você". Para nós, assim como para o ladrão na cruz, isso é o bastante para começar. É só olharmos para Jesus e

24 horas que transformaram o mundo

pedir: "Jesus, lembre-se de mim quando entrar no seu Reino. Eu o quero seguir. Ajude-me a fazer isso".

Os caluniadores chamaram Jesus de "amigo de publicanos e pecadores" (Mateus 11.19; Lucas 7.34). Apenas uma semana antes de sua morte, Jesus explicou aos discípulos que "o Filho do homem veio buscar e salvar o que estava perdido" (Lucas 19.10). Ele passou boa parte de seu ministério público com os marginalizados, os cobradores de impostos e as prostitutas. E morreu entre dois ladrões. Um desses ladrões, embora crucificado bem junto ao Filho de Deus, continuava cego pelo pecado. No entanto, o outro ladrão viu em Jesus, pendurado a seu lado na cruz, um reflexo da glória e do amor de Deus e uniu-se a ele. As palavras de Jesus a esse homem revelam muito sobre a natureza da misericórdia de Deus e a salvação.

"MEU DEUS! MEU DEUS! POR QUE ME ABANDONASTE?" (MATEUS 27.46; MARCOS 15.34; VER SALMOS 22.1)

Durante horas intermináveis, Jesus permaneceu em agonia pendurado na cruz; nesse tempo todo, Deus, seu Pai, ficou calado. Quando Jesus fala, não sentimos em sua voz esperança, e sim derrota. Mateus e Marcos registraram a frase anterior, e algumas pessoas junto à cruz ficaram confusas com o que ouviram; outras ouviram claramente e acharam que aquela confissão vinha de um homem completamente desesperado.

Jesus clamou: "Meu Deus! Meu Deus! Por que me abandonaste?".

É um clamor inquietante para muitas pessoas. Jesus se sentiu mesmo abandonado por Deus naquele momento? Deus abandonaria seu Filho?

Há quem explique as palavras de Jesus sugerindo que naquele momento Deus lançou sobre ele todos os pecados do mundo e, então, viu-se forçado a lhe dar as costas porque um Deus santo não pode contemplar o pecado. Acho essa explicação bastante inadequada — apresenta uma visão literal demais de Jesus carregando os pecados

A crucificação

da humanidade na cruz. O que exatamente Deus lançaria sobre Jesus? Como teria sido isso? Mais importante, o Pai daria mesmo as costas a seu Filho no momento do gesto salvador mais grandioso de Jesus? Parece inconcebível. Acho mais provável que Deus nunca tenha retirado os olhos de Jesus durante suas horas na cruz. Deus Pai sofreu com o Filho.

Se a exclamação de Jesus não foi provocada pelo afastamento do Pai, por que então ele soltou o que muitas vezes é chamado de "o brado de desamparo"? Será que Deus se afastou mesmo?

O que vemos nas palavras de Jesus é sua humanidade. Ele estava vivenciando o que a maioria de nós enfrenta em menor grau: um momento em que o silêncio de Deus é tão ensurdecedor que nos sentimos abandonados por ele. O sofrimento e a dúvida chegam de mansinho e bloqueiam qualquer sensação da presença de Deus. Não conseguimos ver como Deus transformará a situação em nosso benefício. A impressão é que ele está distante e que nossas orações ficaram sem respostas. A alegria da presença de Deus desapareceu. Sou imensamente agradecido porque Jesus sabe o que é orar: "Afasta de mim este cálice" (Mateus 26.39), mas agradeço muito mais o fato de ele ter sido levado a clamar: "Meu Deus! Meu Deus! Por que me abandonaste?". Jesus sabe como você e eu nos sentimos nos momentos de desespero porque passou por esse desespero. O fato de o próprio Jesus ter sentido tal angústia nos oferece algum consolo quando passamos por algo semelhante. E ficamos cheios de esperança ao nos lembrar que, no fim, Jesus ficou livre e, embora sentisse ter sido abandonado, na verdade não o foi.

É importante observar que, ao proferir essas palavras, Jesus estava citando Salmos 22.1. Isso lembra a importância dos salmos na vida de oração de Jesus, e que o salmista também se sentiu abandonado por Deus. Vale a pena ler o salmo 22 na íntegra, e encorajo o leitor a fazê-lo. Repetidas vezes o salmo reflete a experiência de Jesus na crucificação. Na verdade, é possível que a citação de Jesus tenha tido por objetivo

24 horas que transformaram o mundo

incentivar os discípulos a ler o salmo. É fácil entender por que o salmo veio à mente de Cristo, mas também é importante observar que ele termina com uma nota de triunfo e esperança. No versículo 24, lemos que Deus:

[...] não menosprezou
nem repudiou o sofrimento do aflito;
não escondeu dele o rosto,
mas ouviu o seu grito de socorro.

O salmo continua:

Haverão de ajoelhar-se diante dele
todos os que descem ao pó,
cuja vida se esvai.
A posteridade o servirá;
gerações futuras ouvirão falar do Senhor,
e a um povo que ainda não nasceu
proclamarão seus feitos de justiça,
pois ele agiu poderosamente. (Salmos 22.29-31)

Assim como os autores dos salmos, Jesus demonstrava desespero real e sentimento de abandono; no entanto, no salmo 22 ele revela a mesma fé que o salmista possuía. Embora sentisse que Deus o havia abandonado, Jesus continuava crendo que Deus acabaria por libertá-lo.

"TENHO SEDE" (JOÃO 19.28)

As horas se arrastavam; a dor e a agonia continuavam a causar danos. Jesus ficou desidratado pela perda de sangue e suor. Ele não havia comido nem bebido nada desde a noite anterior, na última ceia. A vida se esgotava. Jesus estava com a boca seca. De acordo com João, ele disse: "Tenho sede".

No evangelho de João, tudo é escrito em dois níveis; e, como é de esperar, as palavras de Jesus aqui têm um significado superficial e um

A crucificação

significado mais profundo. Jesus era um ser humano, desidratado, sedento de fazer dó, a língua grudando no céu da boca; no entanto, devemos lembrar-nos de outra ocasião em que Jesus teve sede. Em João 4, quando atravessava Samaria, Jesus chegou a um poço no qual encontrou uma mulher daquela cidade. "Dê-me um pouco de água", Jesus lhe pediu (4.7). A mulher perguntou: "Como o senhor, sendo judeu, pede a mim, uma samaritana, água para beber?" (Pois os judeus não se davam bem com os samaritanos.) Jesus respondeu: "Se você conhecesse o dom de Deus e quem lhe está pedindo água, você lhe teria pedido e ele lhe teria dado água viva [...] mas quem beber da água que eu lhe der nunca mais terá sede. Ao contrário, a água que eu lhe der se tornará nele uma fonte a jorrar para a vida eterna" (4.9,10,14). As palavras de Jesus, "Tenho sede", devem trespassar de dor o coração do leitor. A Fonte de água viva, que mata nossa sede para sempre, estava com sede, a fonte eterna estava secando, e sua vida se evaporava.

João, assim como os outros Evangelhos, conta que alguém perto da cruz ofereceu vinagre para Jesus beber, mas só João informa que essa pessoa colocou uma esponja molhada em vinagre na ponta de uma vara de hissopo e a levou aos lábios de Jesus. Mais uma vez João nos apresenta um detalhe de grande significado. Deus havia ordenado que os galhos de hissopo fossem usados para salpicar o sangue do cordeiro da Páscoa nos umbrais das casas dos israelitas quando os primogênitos foram mortos no Egito (Êxodo 12.22). Para aspergir sangue e água sobre os leprosos (Levítico 14) e sobre os cerimonialmente impuros (Números 19) — para que ficassem novamente puros —, usava-se hissopo enrolado em lã. Quando Davi fez a oração de confissão no salmo 51, ele clamou a Deus: "Purifica-me com hissopo, e ficarei puro" (v. 7). O autor de Hebreus observa que, após Moisés ter apresentado os mandamentos ao povo, "levou sangue de novilhos e bodes, e também água, lã vermelha e ramos de hissopo, e aspergiu o próprio livro e todo o povo, dizendo: 'Este é o sangue da aliança que Deus ordenou que vocês obedeçam' " (9.19,20). Embora João não inclua estas palavras de

24 horas que transformaram o mundo

Jesus na última ceia: "Isto é o meu sangue da aliança, que é derramado em favor de muitos, para perdão dos pecados" (Mateus 26.28), sua intenção ao mencionar o detalhe do hissopo mergulhado em vinagre e oferecido para matar a sede de Jesus é que os leitores compreendam e se lembrem dessas práticas.

"PAI, NAS TUAS MÃOS ENTREGO O MEU ESPÍRITO" (LUCAS 23.46)

Da mesma forma que o salmo 22, quase todos os salmos de lamento — aqueles que lastimam porque Deus parece bem distante — terminam com uma afirmação de fé. O próprio ato de orar um salmo de queixa é uma afirmação de fé. Quando a escuridão parece prevalecer em sua vida, é necessário ter fé até mesmo para falar com Deus e reclamar com ele! As últimas palavras de Jesus na cruz registradas no evangelho de Lucas refletem a absoluta confiança dele em Deus: "Pai, em tuas mãos entrego o meu espírito". É também um modelo de oração para quando estivermos com medo, doentes ou diante da morte. Essa oração afirma: "Entrego-me a ti, ó Deus. Na vida e na morte, nos bons e nos maus momentos, tudo o que eu sou e tenho, deixo em suas mãos, ó Deus, para o senhor cuidar".

"ESTÁ CONSUMADO" (JOÃO 19.30)

Por fim, Jesus exclamou esta frase, que não era um grito de abandono, mas de vitória: "Está consumado". Há determinação nessas palavras. Jesus havia completado o que veio fazer aqui. Um plano foi realizado. A salvação tornou-se realidade, o amor foi demonstrado. Jesus tomou nosso lugar. Ele revelou a ruína humana e o amor de Deus. Ele se ofereceu completamente a Deus como sacrifício em favor da humanidade. Quando ele morreu, tudo foi consumado. Com essa frase, a pessoa mais nobre que já caminhou neste planeta, o Deus encarnado, deu seu último suspiro.

VEJA-SE NA HISTÓRIA

Antes de sairmos dessa cena, convido-o a pensar nos soldados que estavam ao pé da cruz. Lucas e João relatam que alguns estavam ocupados lançando sortes sobre a roupa de Jesus. Os soldados viram Jesus morrer, mas não entenderam o que estava acontecendo de verdade. Absorveram o que sua perspectiva limitada enxergava como valioso — a roupa — e deixaram escapar o valor infinito da vida eterna que Jesus oferecia naquele momento. Marcos, porém, conta que um soldado "estava em frente de Jesus", ouviu suas últimas palavras e observou como ele deu seu último suspiro. Esse soldado, tendo visto tudo o que aconteceu durante aquelas seis horas de crucificação, exclamou: "Realmente este homem era o Filho de Deus" (15.39).

Convido o leitor a se ver nessa história. Você escolherá imitar os soldados que lançaram sortes sobre a roupa de Jesus e não entenderam o poder, o mistério e a maravilha da cruz? Pessoas cujo único interesse se resumia a uns farrapos de roupa? Você terminará a leitura deste livro e voltará a se ocupar primeiramente das coisas do mundo — roupas, carros, férias, posição social? Ou agirá como o soldado que, tendo observado tudo o que aconteceu nas últimas horas de vida de Jesus, foi compungido a afirmar: "Realmente este homem era o Filho de Deus"?

7 CRISTO, O VITORIOSO

Quando terminou o sábado, Maria Madalena, Salomé e Maria, mãe de Tiago, compraram especiarias aromáticas para ungir o corpo de Jesus. No primeiro dia da semana, bem cedo, ao nascer do sol, elas se dirigiram ao sepulcro, perguntando umas às outras: "Quem removerá para nós a pedra da entrada do sepulcro?"
Mas quando foram verificar, viram que a pedra, que era muito grande, havia sido removida. Entrando no sepulcro, viram um jovem vestido de roupas brancas assentado à direita, e ficaram amedrontadas.
"Não tenham medo", disse ele. "Vocês estão procurando Jesus, o Nazareno, que foi crucificado. Ele ressuscitou! Não está aqui". (Marcos 16.1-6)

SEXTA-FEIRA
6 HORAS
UM SEPULCRO VAZIO PERTO DE JERUSALÉM
O PRIMEIRO DIA

Na morte de Cristo no Calvário, testemunhamos, entre o destoar de soldados e criminosos, curiosos e transeuntes, o que parece ser o triunfo derradeiro do mal. Toda a feiura e violência imagináveis foram personificadas nos acontecimentos que culminaram nas seis horas em

Cristo, o vitorioso

que Deus, na forma de homem, ficou pregado a uma cruz numa colina fora dos portões de Jerusalém.

Só conseguiremos valorizar mesmo a Páscoa depois de ficarmos aos pés da cruz. O impacto desse dia só nos será incompreensível quando excursionarmos pelo próprio inferno, imersos no mais escuro dos lugares. Só depois de observarmos toda a extensão da maldade ali exibida e testemunharmos a aparente vitória da morte é que começaremos a entender o triunfo da Páscoa.

Jesus morreu na sexta-feira por volta das 15 horas. O sábado judeu começaria três horas depois, com o pôr do sol (o dia dos judeus começava e terminava com o pôr do sol); e o sábado da Páscoa era particularmente importante. As autoridades judaicas não queriam que o corpo dos crucificados continuasse pendurado na cruz; então, pediram que Pilatos mandasse quebrar as pernas dos condenados, apressando-lhes a morte. Os soldados fizeram isso com os ladrões, mas, quando chegaram a Jesus, descobriram que ele já estava morto.

Aproximadamente duas horas antes do pôr do sol, Jesus e os dois ladrões foram retirados cada um de sua cruz. Como as leis judaicas não permitiam enterros no dia de sábado, havia um espaço bem pequeno de tempo para os arranjos e a preparação do corpo de Jesus para o sepultamento. Os discípulos haviam desaparecido, mas todos os quatro Evangelhos relatam que um de seus seguidores, José de Arimateia, foi corajoso o bastante para pedir que Pilatos lhe desse autorização para sepultar Jesus, no que foi atendido.

Marcos afirma que José era "membro de destaque do Sinédrio" (15.43) — ou seja, do Conselho que havia condenado Jesus à morte. Mateus conta que ele era "rico" e "discípulo de Jesus" (27.57). Lucas o descreve como "membro do Conselho, homem bom e justo, que não tinha consentido na decisão e no procedimento dos outros" (23.50,51). João diz que José era "discípulo de Jesus, mas o era secretamente, porque tinha medo dos judeus" (19.38). Em conjunto, os Evangelhos pintam um retrato que desfaz a ideia de que somente os pobres, os ignorantes e os "pecadores" seguiam

111

Jesus, e os Evangelhos mostram também que nem todos os líderes religiosos dos judeus queriam ver Jesus morto.

O medo de José de se identificar publicamente como discípulo de Cristo (conforme retratado no evangelho de João) não o diferencia de algumas pessoas respeitadas da sociedade em que vivo. Pessoas que temem o que os outros vão pensar se descobrirem que elas levam a sério a fé que professam. O que teria acontecido a José, membro da sociedade judaica, respeitado e rico, caso se apresentasse como um dos discípulos de Jesus? Se, apesar dos pesares, José tivesse dado publicamente seu apoio a Jesus, teria influenciado outras pessoas? As coisas teriam sido diferentes? Como?

De que maneiras você se identifica com José? Você já foi um "discípulo secreto" por medo do que os outros iriam pensar?

Parece que o medo de José desapareceu com a morte de Jesus, e ele se apressou a preparar o corpo para o sepultamento. João conta que outro discípulo se uniu a José: Nicodemos (19.39), que também era "uma autoridade entre os judeus" (3.1). Nicodemos levou consigo cerca de 34 quilos de mirra e aloés; os dois homens, sem tempo para todos os rituais de sepultamento (que consumiriam algumas horas), limparam rapidamente o corpo de Jesus e depois o enrolaram em faixas de linho. Mateus (27.60) diz que José colocou Jesus "num sepulcro novo" que havia "mandado cavar na rocha", no lugar que João (19.41) descreve como um jardim perto de onde Jesus foi crucificado. Depois, José mandou que rolassem uma pedra grande na entrada do sepulcro.

Nos relatos conjuntos dos Evangelhos, quatro pessoas estiveram presentes no sepultamento. José, Nicodemos e duas das mulheres que seguiam Jesus — Maria Madalena e outra Maria — foram os únicos que se atreveram a comparecer. Os apóstolos estavam trancados em casa, apavorados com a possibilidade de serem presos e sujeitos ao mesmo destino de Jesus.

O sábado da Páscoa começou com o pôr do sol; enquanto muitos celebravam, as pessoas que conheciam e amavam Jesus estavam em estado de choque, traumatizadas pelo que haviam testemunhado.

O SEGUNDO DIA

Não existe nenhum relato do que aconteceu naquela sexta-feira à noite após a crucificação e o sepultamento, nem sobre o decorrer do sábado. Só podemos imaginar e conjecturar com base no que lemos nos Evangelhos. Segundo Mateus (27.62-66), Pilatos mandou armar um esquema de segurança no sepulcro porque, de acordo com os fariseus, Jesus havia mencionado que iria ressuscitar dentre os mortos. Eles temiam que os discípulos roubassem o corpo de Jesus e saíssem dizendo que ele havia mesmo ressuscitado. Lucas (23.56b) diz simplesmente que eles "descansaram no sábado, em obediência ao mandamento". João (20.19) revela o pormenor de que no domingo os discípulos estavam trancados em uma casa com medo de serem presos, e parece que estavam lá desde sexta-feira à noite. Especula-se que esse era o mesmo "cenáculo" no qual Jesus havia celebrado a Páscoa com os discípulos na quinta-feira à noite e no qual os discípulos se reuniriam no dia de Pentecoste, quando o Espírito desceu sobre eles.

Seria difícil exagerar a profunda depressão em que estavam os discípulos. O medo de encontrar o mesmo destino de Jesus era apenas parte do problema. Havia também o sentimento de culpa. Eles sabiam que Judas não tinha sido o único a trair o Mestre. Pedro não se esquecia do momento em que seus olhos se encontraram com os de Jesus no pátio do sumo sacerdote depois de negar que até mesmo o conhecesse (Lucas 22.54-62). O restante dos discípulos fugiu quando Jesus mais precisava deles. Somente João se achegou à cruz; os outros ficaram observando de longe. Ninguém compareceu ao sepultamento de Jesus. Sentiam-se todos eles covardes.

No entanto, não era só culpa e medo que os discípulos carregavam no peito naquele dia. Eles haviam abandonado tudo para seguir Jesus. Acreditaram que ele era o Messias que iria restaurar Israel. Acreditaram que Deus estava com ele poderosamente e que Jesus tinha as "palavras de vida" (João 6.68). Em Jesus, haviam testemunhado a bondade personificada. Ele lhes havia mostrado amor, misericórdia e graça. Mas o impensável acontecera. A maldade, perpetrada por aqueles que se diziam justos, havia vencido a bondade. Os soldados romanos haviam derrotado o Messias

24 horas que transformaram o mundo

de Deus. O Rei dos discípulos estava morto. Os sonhos e as esperanças daqueles homens, e até mesmo sua fé, haviam sido crucificados com Jesus, e agora só lhes restava mergulhar no mais profundo desespero.

Ao pensar nos discípulos nesse segundo dia após a morte de Jesus, recordo as muitas vezes em que fiquei ao lado de famílias que perderam um filho; os momentos na sala de espera de um hospital com dezenas de adolescentes que aguardavam enquanto os médicos desligavam o respirador que sustentava a vida de um amigo; o silêncio permeado de soluços intermitentes na casa dos pais de uma jovem que havia sido assassinada. Em situações assim, existem aqui e ali tentativas de "normalidade", mas nada consegue remover a cortina da morte nem a tristeza da alma esmagada pelo sofrimento.

Esse é o segundo dia — o dia *seguinte*. É o dia que chegará para todos nós. É o dia seguinte ao diagnóstico de um câncer terminal; o dia depois que o cônjuge vai embora, abandona sua vida, seu futuro, suas esperanças, e deixa seu coração em pedaços. É o dia seguinte a um processo contra você, e o dia seguinte ao veredito. É o dia seguinte ao Onze de Setembro, o dia em que a notícia ainda não foi bem assimilada e você entende que sua vida mudará para sempre. É o dia em que o mundo parece tão escuro que é impossível enxergar alguma esperança.

No entanto, mesmo nesse dia, quando o desespero era uma presença invisível, mas palpável, um discípulo deve ter perguntado: "O que foi que ele disse sobre Jonas passar três dias na barriga do peixe?". Ninguém lhe responderia. Um segundo discípulo indagaria: "Ele não mencionou algo sobre destruir o templo e reconstruí-lo em três dias? Será que ele falava de voltar a viver?". Ao que outros responderiam: "Não, não foi isso que ele quis dizer". Ainda outro afirmaria: "Tenho certeza que ele disse que o Filho do homem seria morto, mas ressuscitaria". Essas palavras de Jesus não haviam sido entendidas quando pronunciadas e mesmo agora pareciam um absurdo. Quatro pessoas estavam presentes quando seu corpo torturado foi posto no túmulo. Achar que ele retornaria era algo impensável.

"ELE DESCEU AO INFERNO"

O que o espírito de Jesus estava fazendo no segundo dia? Ele descansou no sábado enquanto seu corpo jazia no túmulo, ou, como afirmado numa versão do Credo dos Apóstolos, ele "desceu ao inferno"? Essa doutrina, conhecida no inglês medieval como "o suplício do inferno", ensinava que Jesus, quando morreu, desceu ao lugar da morte — que o Antigo Testamento chama de "Sheol" — e libertou os justos que haviam morrido para que subissem ao céu, pregando o evangelho aos que nunca tinham ouvido. A origem bíblica desse ensino pode ser encontrada em 1Pedro 3.18b-20; 4.6, em que lemos: "Ele foi morto no corpo, mas vivificado pelo Espírito, no qual também foi e pregou aos espíritos em prisão que há muito tempo desobedeceram"; e "o evangelho foi pregado também a mortos". Estudiosos debatem o significado desses versículos, mas eles nos indicam o que Jesus estava fazendo naquele sábado. Ele pode ter feito no reino da morte o que procurou fazer em seu ministério terreno: "buscar e salvar o que estava perdido" (Lucas 19.10). Essa doutrina e esses versículos revelariam a profundidade do interesse de Jesus Cristo em alcançar aqueles que vivem separados de Deus.

Mateus, em seu relato sobre a crucificação, menciona o fato curioso de que, quando Jesus morreu, alguns mortos ressuscitaram "e apareceram a muitos" (27.50-53). Isso também pode ser um apoio bíblico à ideia de que Jesus libertou os justos que estavam no Sheol. Alguns vão além e sugerem que, ao entrar no submundo, governado pelo Diabo, Jesus enfrentou e venceu o próprio Satanás; não o destruiu, mas demonstrou seu poder sobre ele. O próprio Martinho Lutero, em *Solid declaration* [Declaração sólida], mostra que o Diabo foi derrotado nessa descida entre os mortos. "Cremos simplesmente", escreveu, "que a pessoa inteira, Deus e ser humano, desceu ao inferno depois do sepultamento, venceu Satanás, destruiu o poder do inferno, e acabou com todo o poder do Diabo".[1] Ambas as ideias são captadas na arte

---

[1] *Harrowing of Hell.* Disponível em: <http://en.wikipedia.org/wiki/Harrrowing_of_Hell>. Acesso em: mai. de 2008.

clássica que mostra os portões do inferno arrebentados e Jesus retirando Adão, Eva e os justos do Antigo Testamento do reino da morte e levando-os rumo aos portões do céu.

O que Jesus fez em espírito enquanto seu corpo jazia no túmulo permanecerá um mistério; todavia, para seus seguidores que ficaram no mundo, o tempo entre sua morte e sua ressurreição foi o período mais tenebroso que se conhece. O sábado "de aleluia" representa angústia e total falta de esperança.

O TERCEIRO DIA

O terceiro dia começou com o pôr do sol de sábado, contudo foi só de manhã que Maria Madalena descobriu que a pedra havia sido rolada e que o túmulo estava vazio. Os Evangelhos diferem quanto aos detalhes, mas todos concordam em que essa mulher que Jesus havia libertado de possessão demoníaca ou doença mental foi a primeira a chegar ao sepulcro. Mateus, Marcos e Lucas contam que Madalena estava acompanhada de outra mulher, ou talvez de outras mulheres, e que elas tinham levado especiarias para ungir o corpo de Cristo.

As mulheres ficaram atônitas com o que viram: a pedra havia sido rolada da entrada do túmulo. Elas correram para lá, temerosas de que alguém tivesse levado o corpo de Jesus com a intenção de profaná-lo e humilhá-lo mais ainda. Os Evangelhos variam um pouco em seus relatos do que aconteceu a seguir. De acordo com Marcos (16.5), elas "viram um jovem vestido de roupas brancas". Mateus (28.2) identifica-o como "um anjo [termo grego que significa "mensageiro"] do Senhor". Lucas (24.4) afirma que "de repente, dois homens com roupas que brilhavam como a luz do sol colocaram-se ao lado delas". João (20.12) diz ainda que eram "dois anjos vestidos de branco". "Eles lhe perguntaram: 'Mulher, por que você está chorando?' " (20.15). "Por que vocês estão procurando entre os mortos aquele que vive?" (Lucas 24.5). Com isso, as mulheres correram para falar com os discípulos.

Cristo, o vitorioso

A cronologia da Páscoa varia ligeiramente no relato dos quatro Evangelhos, porém uma coisa é óbvia: a ideia de que Jesus havia ressuscitado dentre os mortos era inacreditável. Em Marcos (16.1-8), as mulheres descobriram que Jesus havia ressuscitado, mas ficaram apavoradas e tiveram medo de contar aos outros. Em Mateus (28.16-17), mesmo depois de os discípulos verem Jesus no monte da Galileia, "alguns duvidaram". Em Lucas (24.8-11), Maria e as outras contaram aos discípulos que Jesus havia ressuscitado, porém "as palavras delas lhes pareciam loucura". De acordo com Lucas (24.12), Pedro correu ao sepulcro, mas, embora "admirado", não fica claro se entendeu o que havia acontecido. No relato de João (20.2-9), Pedro e João correram ao túmulo e, apesar de verem "as faixas de linho ali", continuavam sem entender. E não podemos nos esquecer de "Tomé, o incrédulo", que perdeu a primeira aparição do Cristo ressurreto aos discípulos e explicou aos companheiros: "Se eu não vir as marcas dos pregos nas suas mãos, não colocar o meu dedo onde estavam os pregos e não puser a minha mão no seu lado, não crerei" (João 20.25).

Sou muitíssimo grato aos Evangelhos por relatarem que até mesmo os discípulos lutaram com dúvidas quanto à ressurreição de Jesus. Se os homens e as mulheres que caminharam com Jesus acharam difícil acreditar, quanto mais difícil é para quem vive vinte séculos depois e não se certificou, com os próprios olhos, que o túmulo estava vazio e que Cristo estava vivo.

Na posição de pastor, acho que o sermão do domingo de Páscoa é o mais poderoso e o mais desafiador do ano. É desafiador exatamente porque os eventos que celebramos são difíceis de acreditar. Alguns aspectos da história levam os ouvintes de hoje a se unirem a Tomé, dizendo: "Se eu não vir [...] não crerei". Alguns comentaristas tentaram facilitar a crença na história da Páscoa. Sugeriram alternativas para os registros dos Evangelhos. Talvez Jesus não tivesse morrido de verdade, só desmaiado e, depois de um tempo, voltado à consciência. Talvez ele tenha morrido para sempre, e o túmulo nunca tenha ficado vazio; as mulheres e os discípulos simplesmente partilharam uma visão resultante do pensamento positivo. Contudo, a igreja primitiva corajosamente afirmou que o túmulo estava vazio, que Jesus ressuscitou em corpo e apareceu aos apóstolos e a centenas de outras pessoas num espaço de quarenta dias. Todas essas pessoas viram Jesus e conversaram com ele. Tocaram suas mãos e se convenceram de que ele estava mesmo vivo. Não se tratava de um fantasma. Estava ali junto a eles. Até participou de uma refeição com os discípulos. Ensinou e encorajou-os. Portanto, Mateus termina seu Evangelho com estas palavras de Jesus a seus discípulos: "É isto o que quero que vocês façam. Quero que preguem as boas notícias do Reino de Deus. Quero que façam discípulos entre todos os povos. Ensinem as pessoas o que ensinei a vocês. Batizem-nas". E continuou: "Escutem. Mesmo que vocês não me vejam, saibam de uma coisa: não importa aonde vocês vão, não importa o que façam, enquanto esta época durar, estarei sempre com vocês" (paráfrase de Mateus 28.19,20).

Não entendo completamente muitas coisas que acontecem neste mundo, e muitas outras me parecem totalmente absurdas. Quase tudo no reino da física faz parte dessa categoria. Será que tudo no Universo teve mesmo origem em uma massa do tamanho de uma cabeça de alfinete? Não entendo como isso é possível, mas teorias modernas sobre a origem do Universo afirmam que sim. Será que o meu corpo é mesmo formado por átomos, e cada um deles contém um núcleo cercado por uma nuvem de elétrons com partículas energizadas em constante movimento? Não entendo bem tudo isso, mas acredito que é verdade. Já estudei um monte de conceitos científicos tão inconcebíveis que nem consigo descrevê-los! Então me pergunto: "Será que o Deus que criou o Universo, que formou os átomos, que produziu o *software* do DNA que dá origem a todas as coisas vivas, teria poder para reanimar, ou transformar e ressuscitar, o corpo físico de Jesus após sua morte?". Tratada dessa maneira, a ressurreição do Senhor não parece tão inacreditável.

Aliada à questão da ressurreição do corpo físico de Jesus, vem uma questão maior: afinal, existe vida depois da morte? As duas perguntas estão entrelaçadas. Se Jesus ressuscitou dentre os mortos, é evidente que

Cristo, o vitorioso

existe vida depois da morte; e, se existe vida depois da morte, então é fácil acreditar na ressurreição de Jesus.

Sem dúvida nenhuma os discípulos foram transformados depois da ressurreição de Cristo. Esses homens que abandonaram Jesus porque estavam com medo, que se esconderam atrás de portas lacradas em vez de ajudarem a sepultá-lo, agora andavam pelas ruas de Jerusalém anunciando-o a quem encontrassem pela frente. "Façam o que quiserem conosco", declaravam. "Matem-nos, se preciso for, mas temos de contar: Aquele que vocês crucificaram, nós o vimos ressurreto dentre os mortos. Verdadeiramente ele é o Filho de Deus. Ele é o Rei da glória, o Salvador do mundo". Partiram dali para o mundo inteiro proclamando as boas notícias. Enfrentaram dificuldades. Foram presos repetidamente, surrados, maltratados, lançados em prisões. A tradição conta que todos, menos um, foram mortos por causa da fé, todavia nunca mais se acovardariam naqueles lugares escuros da alma. Nunca mais sentiriam a dúvida e o desespero que sentiram antes de ver o Senhor ressuscitado. Enfrentaram a vida com esperança e confiança. Quando ouvimos e celebramos essa história da Páscoa, e acreditamos nela, passamos a ter a mesma fé e descobrimos a mesma alegria e esperança que os primeiros discípulos tiveram. A Páscoa tem o poder de nos transformar.

ESPERANÇA DE VIDA APÓS A MORTE

A experiência de várias pessoas bem diferentes umas das outras me leva a concluir que existe vida depois da morte. Vou relatar algumas das mais de 50 experiências sobre as quais ouvi ao longo dos anos.

Fui visitar um homem que estava morrendo. Em sua cadeira de rodas, ele me perguntou se eu conseguia "vê-las", referindo-se às pessoas que ele via, mas eu não. Pouco depois, o homem morreu. Numa casa de repouso, uma senhora à beira da morte perguntou às filhas que estavam ao lado: "Vocês estão ouvindo?". Elas responderam que não ouviam nada. "Vocês não conseguem ouvi-los? Estão chamando meu nome". As filhas perguntaram: "Quem, mamãe?". A mulher citou o marido, os pais e outros

24 horas que transformaram o mundo

que já haviam morrido. Recentemente uma senhora me contou que foi acordada no meio da noite. Ao abrir os olhos, viu o marido, que havia morrido vários meses antes. Uma luz brilhava sobre ele; o marido sorriu para a esposa e desapareceu quando ela se sentou na cama, bem acordada.

Algum tempo atrás, falei a um grupo de pastores sobre o livro *90 minutos no céu*, escrito por Don Piper.[2] Piper foi declarado morto, teve uma experiência da vida após a morte, e acabou sendo trazido de volta ao mundo. Após a reunião um pastor me procurou e disse: "Tive uma experiência bem parecida com a de Piper". Ele contou que havia entrado em coma e suas chances de viver eram tão pequenas que a família decidiu desligar o respirador. O pastor ouvia a família se despedir dele em prantos. Naquele momento um velho amigo que tinha morrido anos antes chamou seu nome. O amigo disse-lhe para não se preocupar, pois tudo acabaria bem. O pastor foi envolvido por uma grande paz e decidiu seguir o amigo. O pastor me contou que o que mais o impressionou foram o cântico e a melodia que pareciam emanar do céu. Pouco depois ele abriu os olhos e voltou à vida. "Nunca vou esquecer a paz que senti e a certeza de que o que existe do outro lado da morte é algo maravilhoso", ele explicou.

Eu poderia contar muitas outras histórias parecidas. Para mim, a diversidade dessas experiências indica algo real; e, se existe vida depois da morte, então o testemunho dos discípulos, das mulheres e das outras pessoas que viram Jesus ressuscitado dentre os mortos parece bastante plausível. O fato é que, como resultado de seu encontro com o Cristo ressurreto, os discípulos foram radicalmente transformados, capacitados, encorajados e tomados de esperança. O apóstolo Paulo relata que mais de 500 pessoas viram Jesus depois da ressurreição (1Coríntios 15.6). O próprio Paulo teve um encontro com o Senhor ressuscitado (Atos 9.1-18), uma visão que o transformou de inimigo do cristianismo em seu maior divulgador. Para mim, o salto de fé exigido para acreditar na ressurreição de Cristo é pequeno. Satisfaço-me em deixar no reino do mistério os detalhes da ressurreição. Mas *que* Cristo ressuscitou, nisto eu tenho plena confiança.

---

[2] Rio de Janeiro: Vida Melhor, 2008.

Cristo, o vitorioso

A ressurreição não tem a ver simplesmente com um homem morto sendo restaurado à vida. Seu poder está em seu significado, e aqui a ressurreição de Cristo me parece o final perfeito e essencial para a história do evangelho. A ressurreição, assim como a crucificação, é uma palavra que vem de Deus e apresenta uma verdade profunda que tudo transforma. Essa história definiu a própria vida dos primeiros discípulos. O apóstolo Paulo resumiu assim o papel da ressurreição na mensagem do evangelho: "Se você confessar com a sua boca que Jesus é Senhor e crer em seu coração que Deus o ressuscitou dentre os mortos, será salvo" (Romanos 10.9).

Isso nos leva à última teoria sobre a expiação que iremos considerar neste livro. Geralmente é chamada de "*Christus Victor* — Cristo, o vitorioso". Conforme se sabe, essa visão, propagada pelo teólogo e bispo sueco Gustaf Aulén, reafirma um dos pontos de vista dominantes sobre a expiação aceitos pela igreja primitiva. Essa teoria assegura que o sofrimento, a morte e a ressurreição de Cristo devem ser aceitos em conjunto como uma palavra poderosa de Deus anunciando a vitória de Cristo sobre as forças do mal e sobre o pecado que nos separa de Deus. O sofrimento, a morte e a ressurreição de Cristo são o triunfo de Deus sobre a morte, triunfo que compartilhamos pela fé.

Não sei se Aulén usou a metáfora a seguir, mas acho-a bastante esclarecedora: em Jesus Cristo, Deus entrou num ringue de boxe para lutar contra um inimigo muito forte. Esse inimigo, da mesma forma que o gigante Golias de outrora, mantinha a humanidade em cativeiro. Vivemos em um mundo no qual "quem pode mais chora menos" e o mal parece com frequência sair vencedor. No relato da traição, condenação e morte de Jesus, até mesmo os "justos" se mostraram enciumados, escravos mesquinhos de seu próprio pecado; e todos nós somos prisioneiros das forças da morte.

A realidade de nossa escravidão do mal, do pecado e da morte é evidente por todos os lados. Pode ser vista nas 30 mil crianças que morrem todos os dias de fome e doenças relacionadas à subnutrição, enquanto muitos outros vivem em abundância. É vista nas guerras contínuas e nos conflitos violentos por todo o Planeta. É vista no egoísmo e na ganância que resultam em catástrofes econômicas, e é vista no sofrimento que provocamos uns aos outros em nossos relacionamentos interpessoais.

Em Jesus, Deus entrou no ringue de boxe no qual o mal parecia estar vencendo. Ele levou socos violentos do inimigo, sujeitando-se aos poderes que conspiraram para destruí-lo. Foi socado, brutalizado e, por fim, nocauteado. Mas exatamente quando parecia que a luta estava perdida, Jesus ressuscitou, e em sua ressurreição ele desferiu o golpe certeiro nas forças do mal, do pecado e da morte. Cristo foi o vencedor. Com sua vitória, toda a humanidade teve a chance de unir forças com ele, de se livrar do poder do mal, do pecado e da morte, e viver com esperança, liberdade e amor.

Os seres humanos continuam tendo de decidir se querem ficar ao lado de Cristo. Ninguém é obrigado a deixar a escravidão do pecado e da morte. A batalha entre o bem e o mal continuará até o retorno de Cristo, mas sua morte e ressurreição acertaram o golpe decisivo nas forças do mal e comprovaram a vitória final de Deus sobre ele.

O relato de João sobre a ressurreição é o mais rico em simbolismo e inclui grande quantidade de vestígios que apontam para a vitória que Jesus conquistou por intermédio de sua morte e ressurreição. João é o único a dizer que o túmulo de Jesus ficava num jardim. Devemos recordar que a narrativa bíblica começa num jardim: o Éden. Foi lá que Satanás tentou Adão e Eva a desobedecer a Deus e buscar a autodeificação, abrindo as portas para o pecado entrar no mundo. Desde então a humanidade tem sido escrava do egoísmo e da desobediência, assim como da culpa e da vergonha. No jardim em que Jesus foi sepultado, porém, temos a inversão do Éden, e as pessoas que decidem seguir o Cristo crucificado e ressurreto têm a chance de partilhar sua restauração. Elas irão trabalhar e orar para que o Reino de Deus seja "na terra assim como é no céu".

João afirma que Maria Madalena viu dois anjos *dentro* do túmulo, sentados onde o corpo de Jesus tinha estado, um à cabeceira e o outro aos pés. Nessa cena, devemos avistar o tribunal da misericórdia de Deus, o trono simbólico que era a tampa da arca da aliança. É nesse lugar que o sumo sacerdote oferecia o sangue da expiação e fazia a Deus ofertas pelo pecado. Esse simbolismo nos lembra que Cristo venceu a morte e concede misericórdia a todos os que o invocam.

VINDICAÇÃO

A ressurreição de Cristo é uma comprovação de sua mensagem, identidade e morte na cruz. Em sua mensagem, Jesus ensinou um modo de vida baseado no amor a Deus e ao próximo. Ele ministrou aos perdidos e arruinados. Uma das coisas que enfureceram os líderes religiosos foi que Jesus se sentava ao lado de bêbados e prostitutas e permitia que eles fizessem parte de seu ministério. Jesus ensinou que Deus era como um pai que tinha dois filhos, e um deles abandonou o lar. O pai continuou aguardando a volta desse filho; nunca deixou de amar o desertor. Foi assim que Jesus abordou seu ministério. Sua mensagem sobre a pessoa de Deus era totalmente oposta à da cultura vigente. Abençoados são os pobres, os famintos, os mansos, os humildes, os pacificadores. Abençoado é você quando for perseguido por amor do meu nome. Quando um soldado romano der um tapa na sua cara, deixe-o bater também na outra face. Quando ele exigir que você leve a carga dele por um quilômetro, carregue-a por dois quilômetros. Não ame apenas seus amigos, mas também os inimigos. Ore por quem o persegue. Não os perdoe apenas 70 vezes, mas 70 vezes 7. Que ensino bizarro! Alguém pode mesmo viver dessa maneira? No entanto, o que Jesus ensinou foi vindicado por sua ressurreição.

As afirmações que Jesus fez a respeito de sua identidade pareciam tão estranhas quanto os seus ensinos. Ele afirmou: "Eu sou o pão da vida. Aquele que vem a mim nunca terá fome; aquele que crê em mim nunca terá sede" (João 6.35). "Eu sou a ressurreição e a vida. Aquele que crê em mim, ainda que morra, viverá" (11.25). "Eu sou o caminho, a verdade e a vida. Ninguém vem ao Pai, a não ser por mim" (14.6).

24 horas que transformaram o mundo

Jesus reinterpretou as tradições e os ensinos dos judeus repetidamente, dizendo: "Vocês ouviram o que foi dito aos seus antepassados [...]. Mas eu lhes digo [...]" (Mateus 5.21,22). Também disse: "Portanto, vão e façam discípulos de todas as nações [...] ensinando-os a obedecer a tudo o que lhes ordenei [...]" (28.19,20). Ele afirmou ser o Messias, o Filho do Deus vivo. Uma ideia que as autoridades religiosas e os que aguardavam um messias militar rejeitaram de pronto, mas que ele reiterou quando foi questionado em seu julgamento. Todas as afirmações de Jesus foram vindicadas em sua ressurreição, algo que Paulo observa em Romanos 1.4, ao escrever que Jesus "mediante o Espírito de santidade foi declarado Filho de Deus com poder, pela sua ressurreição dentre os mortos".

A ressurreição também confirmou o significado da morte de Cristo na cruz: o cumprimento do propósito divino, ocasionando o perdão dos pecados. Lucas apreende esta ideia em uma afirmação que Jesus fez aos discípulos após a ressurreição: "Está escrito que o Cristo haveria de sofrer e ressuscitar dentre os mortos no terceiro dia, e que em seu nome seria pregado o arrependimento para perdão de pecados a todas as nações, começando por Jerusalém. Vocês são testemunhas destas coisas" (24.46-48).

Em todas as três áreas — sua mensagem, sua identidade e sua morte na cruz — a ressurreição de Jesus vindicou tudo o que ele disse, tudo o que ele fez e tudo o que ele era e continua sendo.

Por fim, a ressurreição é um sinal espetacular da vitória de Deus sobre todas as forças que conspiraram contra Jesus — não apenas o Sinédrio e os romanos, mas também todas as forças malignas do mundo. A ressurreição também é um sinal da vitória de Deus sobre a morte. Ela mostra que o pecado, a maldade e a morte não darão a última palavra, embora pareçam momentaneamente estar levando vantagem. A ressurreição de Cristo é um brado de vitória sobre todas essas coisas, uma prova de que a bondade, a justiça e a vida prevalecerão. Paulo escreve: "O aguilhão da morte é o pecado, e a força do pecado é a Lei. Mas graças a Deus, que nos dá a vitória por meio de nosso Senhor Jesus Cristo" (1Coríntios 15.56,57).

Cristo, o vitorioso

"Cristo, o vitorioso" afirma que o sofrimento, a morte e a ressurreição de Jesus são a resposta de Deus ao pecado, à maldade, à injustiça, à tragédia e à dor neste mundo. Jesus experimentou todas essas coisas e sobre elas triunfou. Jesus convida todos os que decidiram segui-lo a viver como povo de Deus, livres do poder do pecado e do medo da morte.

O poder da Páscoa, aliado à teoria da expiação de Cristo, o vitorioso, pode ser resumido em uma palavra: *esperança*. Esperança é a percepção de que as coisas darão certo; de que, apesar das circunstâncias difíceis e das situações dolorosas que podem levar ao desespero, alguma coisa boa está para acontecer. É algo sem o que não podemos viver. O dr. Jerome Groopman, professor de medicina da Universidade de Harvard, observa em seu livro *A anatomia da esperança*: "A esperança nos dá coragem para enfrentar as circunstâncias e capacidade para superá-las. Para todos os meus pacientes, a esperança, esperança verdadeira, tem-se mostrado tão importante quanto qualquer medicamento que eu lhes prescreva ou qualquer procedimento que eu realize".[3] É isso o que a história do sofrimento, da morte e da ressurreição de Cristo nos oferece.

Muito do que acontece no mundo é assustador. Há alguns anos, a revista *Time* publicou uma história de capa sobre aquecimento global com esta manchete: "Cuidado! Cuidado!". Acredito que o aquecimento global é uma ameaça verdadeira e que os cristãos deveriam estar na vanguarda dos cuidados com o meio ambiente, mas não passarei o resto dos meus dias com medo do aquecimento global. Por quê? Porque tenho certeza que Cristo é o vitorioso e de que o aquecimento global não dará a última palavra neste mundo.

A ameaça contínua do terrorismo é real. Penso que devemos descobrir maneiras de lidar com as questões fundamentais que facilitaram a propagação do terrorismo, mas não passarei o resto dos meus dias com medo do terrorismo porque Cristo é o vitorioso e não creio que a palavra final será dos terroristas.

---

[3] GROOPMAN, Jerome. *The Anatomy of Hope*. New York: Random House, 2004. p. xiv.
[**A anatomia da esperança**. Rio de Janeiro: Objetiva, 2004.]

24 horas que transformaram o mundo

Em 2008, uma crise econômica atingiu o mundo todo, uma crise que exigirá mudanças radicais em nosso relacionamento com o dinheiro e, de um modo ou de outro, afetará praticamente todas as pessoas. Mesmo assim, nem uma crise econômica global consegue negar o fato de que Cristo é o vitorioso.

Saber que Jesus dará a palavra final nos enche de coragem quando temos de enfrentar os problemas atuais. Esse conhecimento não nos impele a ficar trancados dentro de casa. Não nos leva a ficar alienados e dar de ombros para os problemas que nos atingem. É claro que nos importamos com o que acontece no mundo, e por causa da ressurreição de Cristo podemos enfrentar tudo com esperança e grande coragem.

Uma frase atribuída a Frederick Buechner resume isso muito bem: "A ressurreição significa que a pior coisa nunca é a última coisa".

Nesta minha vida, já cuidei de muita gente e ofereci conforto a muitos membros de minha igreja que estavam à beira da morte. Um irmão extraordinário expressou o sentido da vitória de Cristo da melhor maneira que já ouvi. Depois de inúmeras tentativas para terem filhos, ele e a esposa finalmente tiveram uma menina. Então, alguns meses depois, ele foi diagnosticado com uma forma rara e agressiva de câncer. Passei horas ao lado de sua cama enquanto a doença tomava conta de seu corpo. O homem exibia uma fé impressionante em meio a tudo aquilo e afirmou: "Sei que Deus não envia um câncer a seus filhos. Isso é simplesmente parte da vida. Claro que oro pedindo para ser curado. Este é o meu desejo. No entanto, mais do que por minha própria cura, oro para que, de algum modo, em meio à batalha contra o câncer, a glória de Deus seja revelada em minha vida". E continuou: "Sei que Cristo ressuscitou e, porque ele vive, eu viverei. Sei que ele preparou um lugar para mim. Não estou com medo. E creio que ele enviará pessoas para cuidar de minha esposa e minha filha. Como Paulo, se eu viver mais um pouco, serei agradecido e espero ser usado por Deus. Todavia, se o câncer seguir seu curso natural, sei que estarei com Jesus, e sou grato por isso. Para mim, 'o viver é Cristo, e o morrer é lucro' ".

Cristo, o vitorioso

No momento em que escrevo este livro, faz quase vinte anos que sou pastor da Igreja Metodista Unida da Ressurreição. Há vinte e cinco anos eu, minha esposa e minhas filhas fundamos a igreja. Há duas décadas termino o sermão da Páscoa desta mesma forma: "As pessoas me perguntam: 'O senhor acredita mesmo nessa história de ressurreição?' E minha resposta é sempre a mesma: 'Não só acredito, como *estou contando com ela*' ".

Finalizo este livro com as palavras de Isaac Watts. São de um hino que focaliza a cruz, e acho que revelam de modo esplêndido a resposta que Deus quer de nós ao examinarmos os acontecimentos das últimas 24 horas da vida de Jesus:

> Ao contemplar a rude cruz
> em que por mim morreu Jesus,
> minha vaidade e presunção
> eu abandono em contrição.
>
> Em nada quero me gloriar,
> salvo na cruz de dor sem parar.
> Humilde, sacrificarei
> tudo que desagrada ao Rei.
>
> De sua fronte, pés e mãos
> vem um amor que faz irmãos.
> Unem-se nele dor e amor,
> a coroar o Redentor.
>
> Se eu fosse o mundo lhe ofertar,
> ele o iria desprezar;
> seu grande amor vem requerer
> minha alma, a vida e todo o ser.[4]
>
> Amém e Amém.

---

[4] Hino **When I Survey the Wondrous Cross**. Tradução Werner Kaschel, 1990. Ao contemplar a rude cruz. **Hinário para o culto cristão**. Rio de Janeiro: Juerp, n. 127, 1991.

Esta obra foi composta em *ITC Souvenir Std* e
DIN 1451 Std e impressa por RR Donnelley sobre papel
Chamois Fine 67 g/m² para Editora Vida.